KB193719

학교 글쓰기 대회에서 일등하는 법

학교 글쓰기 대회에서 일등 하는 법

이혜영 글 · 홍성지 그림

주니어김영사

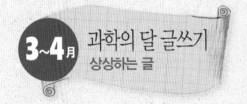

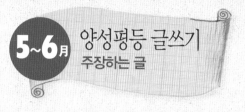

글 잘 쓰는 비법이
궁금하다고요?

글은 왜 쓰는 것일까?

"엄마, 일기는 왜 써요? 독서록은 왜 쓰는 거예요?"

이 책의 주인공이자 제 아들인 성진이는 가끔 저에게 이렇게 묻고는 해요. 여러분도 이런 의문이 생길 때가 있을 거예요. 일기나 독서록 같은 글을 쓸 때마다 무슨 얘기를 쓸지 떠오르지 않아 한숨만 쉬던 경험도 있을 거예요.

그런데 한번 생각해 보세요. 우리는 왜 말을 할까요? 왜 그림을 그리고 노래를 부르는 걸까요? 이 모든 것을 할 수 없게 된다면 우리는 어떻게 될까요? 아마 숨 막히는 것처럼 답답하고 괴롭겠지요. 그건 바로 자신을 '표현'하지 못하기 때문이에요. 우리는 자신이 하고 싶은 이야기를 음악이나 그림으로, 말과 글로 표현하며 자신의 삶을 가꾸어 나갑니다. 특히 머릿속에 있는 생각을 글로 쓰면서 생각 주머니를 키우고, 마음의 밭을 일구어 낼 수 있지요.

무엇을 어떻게 쓸까?

엄마나 선생님은 늘 집중하라고 야단치지만, 공부를 하다 보면 간혹 엉뚱한 상상에 빠질 때가 많아요. 기발하면서도 반짝이는 생각이 자주 떠오르니까 친구들과 함께 쉴 새 없이 떠들고 싶을 때도 있지요. 이 모든 것이 좋은 글감입니다. 무엇을 쓰느냐의 고민은 무슨 말을 하고 싶은지, 무엇을 관찰하고 싶은지만 떠올릴 수 있으면 다 해결됩니다.

그런데 막상 하고 싶은 이야기를 써 보려고 하면 첫 문장부터 어떻게 써야 할지 막막할 때가 많아요. 간신히 한 문장을 시작해 쓰더라도 그다음 문장을 어떻게 풀어 나가야 할지 도대체 생각나지 않아 머리만 쥐어 짜게 되지요. 일기나 독서록을 쓰다 보면 유난히 빈칸이 많고, 종이가 커 보여서 참 속상했을 거예요. 특히 요즘에는 학교에서 과학의 달이나 한글의 날 등을 맞아 글쓰기 대회가 많이 열리지만, 이런 종류의 글을 어떻게 쓰는지 가르쳐 주는 선생님이나 책은 거의 없어요.

그래서 저는 여러분의 빛나는 생각들을 '어떻게' 머릿속에서 꺼낼 수 있는지 알려 주고 싶었어요. 예를 들어 글을 쓸 때는 첫 문장을 시작하는 여러 가지 방법이 있어요. 이것을 하나씩 연습해서 여러분이 직접 자신의 글에 적용해서 쓰다 보면 어느새 '마법의 연필'을 손에 쥔 듯 여러분의 생각을 술술 써 내려갈 수 있게 될 거예요.

이제는 자신 있게 쓰자!

솔직히 말해서 이 글을 쓰고 있는 저도 글쓰기가 어렵습니다. 여러분의 마음과 똑같지요. 단지 글쓰기의 기본적인 방법을 지키면서 연습을 많이 하다 보니 이제는 글쓰기에 자신감이 생겼을 뿐입니다. 그래서 여러분에게 글쓰기의 자신감을 키워 주는 중요한 비법들을 알려 주려고 합니다. 일기나 독서록을 쓸 때도, 학교에서 열리는 글쓰기 대회에서도 기본만 제대로 지킨다면 자신의 생각을 얼마든지 글로 표현할 수 있습니다. 이 책과 함께 하나하나 연습하면서 자신감을 가져 보세요. 이 책에는 필구와 성진이의 대화문과 성진이가 실제 쓴 예시 글, 그리고 '이·쓰·요(이렇게 쓰면 돼요!)'와 '아·자(아는 만큼 자신 있게!)', 골라 쓰는 코너 등이 있습니다. 물론 재미있는 만화도 있어요. 한마디로 지루할 틈이 없지요. 상을 타기 위해서가 아니라 내 생각을 잘 전달하기 위해서 노력하다 보면 어느새 달라진 자신의 글을 만날 수 있을 거예요. 물론 상은 저절로 따라 오겠지만요.

　글쓰기는 내가 하고 싶은 이야기를 하는 것입니다. 저를 대신해 여러분이 하고 싶은 말을 잘할 수 있도록 도와줄 비밀 친구가 바로 여기 있습니다. 생각 대장 여러분이, 쓰기 대장이 될 수 있도록 도와줄 새 친구, 마법의 연필을 만나 볼까요?

'마법의 연필'을 만나다!

"그러니까 책가방은 미리미리 챙겨 놓으랬지!"

내가 지각한 벌로 복도 청소를 한다는 걸 엄마가 알게 되면 이렇게 말씀하셨겠지. 아침에 준비물을 챙기면 항상 지각한다는 걸 알면서도 난 여전히 그 버릇을 고치지 못하고 있다.

"지각 대장, 수업하기 전에 2층부터 3층까지 모두 쓸고 들어와라. 쓰는 시늉만 대충 하지 말고 깨끗하게 청소해!"

오후에 남아서 한자를 쓰는 것보다는 훨씬 나은 벌이지만 가뜩이나 하기 싫은 복도 청소를 혼자서 하는 건 정말 따분하다.

그때 어디선가 바람이 솔솔 불어왔다. 마치 심통 난 내 마음을 달래는 것처럼 바람은 내 볼을 살살 쓰다듬었다.

"나무 냄새 좋~다!"

나도 모르게 콧구멍을 벌름거렸다. 바람에 나뭇잎이 살랑살랑 움직이자 상큼한 냄새가 났다.

나는 아예 빗자루를 내려놓고 창문 밖으로 몸을 내밀어 나무 냄새를 맡았다. 그때 팔꿈치에 딱딱한 뭔가가 닿았다.

"어라, 연필이네?"

딱 한 번만 깎은 것 같은 새 연필이었다. 학교 앞에서 아저씨나 아주머니들이 나눠 주는 학용품처럼 '미소 학원'이니 '우리 태권도 학원' 같은 글씨도 새겨져 있지 않았다. 초록색과 하늘색이 뱅글뱅글 돌아가며 소용돌이무늬를 만들고 있어서 연필을 돌리면 눈까지 뱅글뱅글 돌 것 같았다.

"하여튼 요즘 애들은……."

이런 말을 하면 친구들이 나를 '애늙은이'라고 놀리겠지만 요즘 애들은 물건을 너무 함부로 다룬다. 엄마는 내가 환경보호에 대한 책을 많이 읽은 탓이라고 한다. 하지만 물건을 잃어 버려도 찾을 생각도 하지 않고 심지어는 멀쩡한 것도 버리는 애들을 보면 나도 모르게 한숨이 나온다.

수업 준비종이 울렸다. 나는 연필을 주워 주머니에 끼워 넣고 빗자루를 챙겨 교실로 허겁지겁 돌아갔다.

학교 수업이 끝나자마자 피아노 학원에 가서 대충 뚱땅거리다 집으로 돌아왔다. 침대에 누워서 쉬고 싶은 마음이 굴뚝같았지만 집에서도 해야 할 일이 많았다.

'박성진, 손 씻어야지.'

'성진아, 책가방은 챙겼지?'

'우리 아들, 숙제는?'

어디선가 엄마의 잔소리가 들리는 것 같았다. 어휴, 생각만 해도 머리가 지끈거린다.

"얘, 무슨 낮잠을 이렇게 오래 자니?"

아침부터 벌 청소를 하느라 힘들었는지 잠깐 눈을 붙인다는 게 엄마가 퇴근해서 오실 때까지 자고 말았다. 간신히 일어나 저녁을 먹고 수학 숙제를 후다닥 끝냈다. 이제 좀 놀아 볼까 하는데 날벼락 같은 엄마의 목소리가 들렸다.

"너 교통안전 글쓰기 해야 한다며?"

다시 책상 앞에 앉아 가방에서 쓰다 만 원고지를 꺼내 바라보는데 한숨이 저절로 나왔다.

점심을 먹고 가뜩이나 졸린 5교시였다. 선생님이 나눠 준 원고지에 반, 번호와 이름을 적고 나니 더 이상 쓸 게 없었다. 교통안전 글쓰기라니 뭘 쓰라는 거야? '교통경찰 아저씨 감사합니다.'라고 써야 하나? 교통법규를 잘 지키는 게 좋다고 쓸까? 다른 애들은 도대체 뭐라고 쓸까? 왜 이렇게 생각이 안 나지? 나만 못 쓰고 있는 거 아닐까? 아, 정말 뭘 써야 되는 거야! 으아아아아아~.

선생님은 글쓰기가 중요하다면서 일기는 일주일에 세 번, 독서록은 일주일에 한 번씩 써서 매주 월요일에 내라고 하신다. 그게 뭐 그리 어려운 일이냐고 할지도 모르지만 학원도 갔다 와야 하고, 친구들과 놀러도 가야 하고, 만화영화도 봐야 하고 할 일이 얼마나 많은데 언제 그걸 다 쓰라는 건지 모르겠다. 일기와 독서록 쓰는 것도 힘든데 글쓰기 대회는 왜 그렇게 자주 열리는지 모르겠다. 내가 좋아하는 축구나 야구 대회 같은 건 지금까지 한 번도 열린 적이 없는데 말이다.

"아~ 정말, 난 세상에서 글쓰기가 제일 싫어!"

나도 모르게 외친 비명을 엄마가 듣고 달려오실까 봐 뜨끔했지만 물소리가 끊기지 않고 계속 들리는 걸 보니 설거지를 하느라 못 들으신 모양이다. 휴, 다행이다.

그때였다.

"성진아, 안녕?"

방 안에는 분명 나밖에 없다. 글쓰기가 너무 싫다 보니 이제는 헛소리까지 들리나 보다.

"뭐, 뭐야? 누가 말하는 거야?"

"성진아! 여기야, 여기. 필통 안!"

낯선 목소리가 또 들렸다. 나는 소리가 들려오는 필통을 조심스레 열었다. 그러자 신기하게도 눈, 코, 입이 달린 연필이 나를 향해 생글거리고 있었다.

"나야, 나! 아까 학교 창틀에서 네가 날 꺼내 줬잖아."

"내가? 아, 맞다. 아침에 청소할 때 주웠지! 그런데 넌 어떻게 말을 하는 거야? 아니면 정말 내 정신이 이상해진 건가?"

나는 믿을 수가 없어서 볼을 살짝 꼬집어 보았다. 아야!

"걱정하지 마! 나 연필 맞다니깐."

꿈이 아니었구나. 나는 아픈 볼을 문지르며 말하는 연필을 다시 바라보았다. 그 순간 나는 연필이 갑자기 괴물로 변해서 왜 그렇게 글을 못 쓰느냐고 나에게 달려들까 봐 살짝 겁이 나기도 했다.

"필통에 넣어 나를 여기로 데리고 온 사람도, 나를 깨운 사람도 바로 너라고!"

"내가 널 깨워? 그런 적 없는데. 너 진짜 연필 맞아? 혹시 연필 모양 로봇 아냐?"

나는 눈, 코, 입이 달려 있어서 귀여우면서도 약간 징그럽게 생긴 녀석을 이리저리 살펴보면서 말했다.

"흥, 촌스럽게 로봇이라니! 난 연필이라니까! 분명 네가 글쓰기가 제일 싫다고 외쳐서 나를 깨웠잖아!"

연필은 기분이 상했다는 듯 입을 비쭉거리며 말했다.

"그…… 그래. 그럼 도대체 넌 누구고 이름은 뭐야? 어디서 왔어? 어떻게 말을 할 수 있는 거지?"

"잠깐만! 하나씩 물어야지. 난 '마법의 연필'이야. 내가 하는 말은 날 깨운 성진이 너만 들을 수 있어. 그러니까 조심해야 해. 내 말이 들린다고 막 대답하면 다른 사람이 널 이상한 아이라고 오해할 수 있거든. 앞으로 나는 네 글쓰기를 도와줄 거야. 그리고 내 이름은……."

"네 이름은?"

"내 이름은 네가 지어 줘야지. 전에 만났던 연주는 나를 '피리'라고 불렀어. 수환이는 '길쭈기', 도현이는 '매직'이라고 불렀고……."

"그러니까 네 이름은 내가 지어 주면 되는구나. 그리고 넌 내 교통안전 글쓰기를 도와줄 거라는 거지?"

"그렇지. 하지만 대신 써 주진 않아."

"말도 안 돼!"

나는 발끈해서 외쳤다.

"마법의 연필이라며? 그럼 내가 마법에 걸린 것처럼 술술 글을 쓰게 해 주는 거 아니야?"

"맞아. 하지만 내 마법은 글쓰기 방법을 가르쳐 주는 거야. 나랑 얘기하다 보면 너는 저절로 글을 잘 쓸 수 있게 돼."

"그게 말이 돼? 에이, 좋다 말았네."

실망한 내 표정을 보고 연필이 낄낄거리며 웃었다.

"내가 팍팍 도와줄 테니까 걱정하지 마. 근데 너, 내 이름은 뭐라고 지어 줄 거야?"

"뭐가 좋을까? 연필…… 내가 좋아하는 것은 야구, 축구…… 아, 그래! 필구! 필구가 좋겠다."

"필구? 좀 촌스러운데……. 뭐, 그래도 네가 날 깨웠으니 어쩔 수 없지. 내 이름은 필구. 이제부터 나 필구와 신 나는 글쓰기 세계로 가 보자고! 준비됐지?"

필구는 눈을 뱅글뱅글 돌리면서 외쳤다.

잠깐, 글쓰기의 기본은 알고 갑시다!

먼저 글쓰기의 기본부터 다지고 가도록 해요.

글쓰기의 기본 3원칙

첫째, 문장과 문단을 이해하고, 꼭 문단을 나누어 쓴다.
둘째, 글을 쓰기 전에 무엇을 쓸지 개요를 짠다.
셋째, 다 쓴 글을 소리 내어 읽으면서 문장을 다듬는다.

첫째, 문장과 문단을 이해하고, 문단을 꼭 나누어 쓴다.

문장은 무엇일까요? 또 문단은 무엇일까요? '문장'과 '문단'의 뜻을 국어사전에서 찾아보면 다음과 같이 나와 있어요.

- **문장** : 생각이나 감정을 말과 글로 표현할 때 완결된 내용을 나타내는 최소의 단위. 주어와 서술어를 갖추고 있는 것이 원칙이나 때로 이런 것이 생략될 수 있다. 글의 경우, 문장의 끝에 ' . ', ' ? ', ' ! ' 따위의 마침표를 찍는다.
- **문단** : 글에서 하나로 묶을 수 있는 짤막한 단위. 한 편의 글은 여러 개의 문단으로 구성된다.

요즘은 휴대전화가 필수 용품이어서 초등학생들도 많이 가지고 있다. 하지만 나는 초등학생이 휴대전화를 갖고 다니는 것을 반대한다. }문단 1개

첫째, 부모님이나 친구들과의 사이가 멀어질 수 있다. 실제로 내가 저번에 식당에 갔을 때……. }문단 2개

둘째, 뇌가 나빠져서 심각한 문제가 생길 수 있다. **문장 1개** 환경부 국립환경과의 홈페이지에 따르면, 밀폐된 공간에서 통화를 지속적으로 하면 전자파가 8배나 높아진다고 한다. **문장 2개** 일부 과학자들은 휴대전화를 귀에 붙이고 사용하는 것은 뇌를 전자레인지에 데우는 것과 같다고 한다. (이하 생략) **문장 3개** }문단 3개

마지막으로 휴대전화는 무척 더러운 물건이다. 휴대전화는 세균으로 가득 차 있다……. }문단 4개

나는 이러한 이유 때문에 초등학생이 휴대전화를 가지면 안 된다고 생각한다. 만일 휴대전화를 사용한다면 부모님이나 친구들과 함께 있을 때에는 휴대전화를 쳐다보지 않으려고 노력해야 한다. 또 반드시 손을 자주 씻고, 귀에 붙인 채로 사용하지 않도록 조심해야 한다. 〈성진이의 글 중에서〉 }문단 5개

하나의 글은 여러 개의 문단으로, 하나의 문단은 여러 개의 문장으로 구성돼요. 예를 들어 앞의 글은 전체적으로 다섯 개의 문단으로 이루어져 있어요. 또 세 번째 문단은 세 개의 문장으로 이루어져 있고요. 문장의 끝에는 주로 ' . (온점)', '?(물음표)', ' ! (느낌표)' 등이 오게 되는데, 여러 문장을 이어서 쓰다가 말하고자 하는 내용이 달라지면 문단을 바꿔야 해요. 하나의 문단에는 하나의 큰 생각만 들어가야 하니까요. 여러분의 일기나 글을 읽어 보면 문단을 구분하지 않고 써 내려간 것이 많아요. 그러면 읽는 이가 쉽게 글을 이해할 수 없어요. 앞으로 글을 쓸 때는 꼭 몇 개의 큰 생각 덩어리, 즉 문단으로 나누어서 쓰세요.

둘째, 글을 쓰기 전에 무엇을 쓸지 개요를 짠다.

연필을 잡자마자 무작정 글을 쓰기 시작하는 친구들이 참 많아요. 글쓰기가 빨리 끝내고 싶은 숙제처럼 느껴져서 그렇겠지요? 하지만 이건 꼭 고쳐야 할 습관이에요. 글쓰기보다 더 중요한 게 바로 '무엇을 쓸지 미리 생각하기'랍니다. 계획을 세우면 하고 싶은 말을 더 효과적으로 전달할 수 있어요. 그렇다고 머릿속으로만 생각하면 안 돼요. 떠오른 것을 아주 간단하게라도 메모해 두

어야 해요. 그걸 바로 '개요'라고 합니다. 선생님은 글쓰기보다 더 중요한 것이 개요라고 말할 만큼 개요 짜는 것이 꼭 필요하다고 생각합니다. 가족 여행을 갈 때도 그렇잖아요? 무턱 대고 여행을 떠나면 가족들이 편안히 쉴 숙소를 못 찾을 수도 있고, 예상치 못한 엉뚱한 곳에서 시간을 허비할 수도 있고요. 이처럼 글을 쓰기 전에 어떻게 쓸지 계획을 세우면 실수를 줄일 수 있답니다.

글은 크게 **처음, 중간, 끝**으로 나눌 수 있어요. 어른들이 흔히 말하는 서론, 본론, 결론과 같은 거죠. **처음**은 글에서 가장 앞에 들어가는 부분이에요. 그래서 어떤 글을 쓸지 소개하거나 읽는 이가 다음 내용을 궁금해할 만한 것으로 쓰는 게 좋습니다. **중간**에서는 내가 정말 하고 싶은 이야기를 써 내려가요. 본격적으로 할 말을 모두 쓰니까 글에서 가장 많은 부분을 차지하게 되지요. 그래서 중간은 내용에 따라 여러 개의 문단으로 나누어지기도 해요. 마지막으로 **끝**은 글을 마무리하는 부분이에요. 앞에서 했던 이야기를 정리하거나 한 번 더 주제를 강조하면서 글을 끝맺습니다.

개요를 쓸 때에도 처음, 중간, 끝으로 나누어 쓰면 간단하고 편리해요. 어떤 내용을 쓸지 생각나는 단어들이라도 미리 적어 두면 글을 쓸 때 큰 도움이 됩니다. 개요를 짜지 않고 글을 쓰다 보면 '아까 뭘 쓰려고 했었는데, 그게 뭐였더라?' 하고 고민하느라 글의 흐름이 끊길 수도 있거든요. 또 개요를 짤 때는 생각이 펼

요즘 초등학생들 휴대전화 많이 가지고 있다
→ 나는 반대!   처음

첫째, 부모님, 친구와 멀어짐
→ 식당에서 본 초등학생의 모습
  (밥 먹으면서 가족들이 한 마디도 하지 않고 휴대전화를 만졌음)
둘째, 건강이 나빠짐
→ 환경부 자료 (밀폐된 공간에서 통화하면 전자파 8배)   중간
→ 과학자들 주장   (3가지
  (휴대전화를 귀에 붙이면 뇌를 전자레인지에 넣는 것)   내용)
셋째, 더러움
→ 세균 가득 → 돈 보다 더 → 위생에 안 좋다

그래서 반대
→ 그런데 사용하게 되면?
→ 부모님과 있을 때는 휴대전화 안 쓰기,   끝
  손을 씻기, 귀에 붙이지 않기

쳐지는 순서대로 화살표(➜)를 이용하면 나중에 알아보기도 쉽답니다.

물론 개요를 짠 그대로 똑같이 글을 써야 하는 건 아니에요. 글을 쓰는 과정은 꼭 순서가 정해져 있지 않기 때문에, 글을 쓰는 도중이라도 새롭게 내용을 추가하면서 개요를 보충해서 짤 수 있어요.

셋째, 다 쓴 글을 소리 내어 읽으면서 문장을 다듬는다.

글의 개요를 짜고, 거기에 맞춰서 글을 다 썼다고 해서 글쓰기가 끝난 것이 아니랍니다! 바로 글 다듬기 과정이 남아 있어요. 마치 가위와 풀을 들고 미술 작품을 예쁘게 만드는 것과 같아요. 이렇게 글을 고치려고 할 때에는 꼭 세 가지를 기억하세요.

① **가위로 싹둑!** 없애거나 뺄 부분은 없는가?
② **풀로 쓱싹!** 덧붙여 보충할 부분은 없는가?
③ **이쪽저쪽 왔다 갔다!** 내용의 순서를 바꿀 부분은 없는가?

이렇게 세 가지를 생각하면서 글 전체를 천천히 다듬어 보세요. 글의 내용이 적절한지 단어나 문장의 쓰임이 잘못된 것은 없는지 살펴보도록 합니다. 많은 친구들이 글 다듬기에 대해 맞춤법을 고치거나 단어를 알맞게 바꾸는 것 정도로만 생각하는 경우가 많아요. 그런데 더 중요한 것은 글 전체의 흐름을 볼 줄 알고 그에 맞춰서 글을 다듬을 수 있는가 하는 점입니다. 큰 것부터 먼저 정돈한 후에 작은 것들을 고쳐나가야 하지요.

그리고 글 다듬기의 또 하나의 비법을 알려 줄까요? 바로 글을 '소리 내어 읽는 것'이에요. '그게 무슨 비법이에요?'라고 말하는 친구들의 목소리가 들리네요. 별것 아닌 것 같지만 글을 소리 내어 읽다 보면, 글의 어떤 점이 잘못되었고 무엇을 고쳐야 하는지 훨씬 더 잘 알 수 있습니다. 눈으로 읽었을 때는 보이지 않던 문제점도 입으로 소리 내어 읽으면 쉽게 보이지요. 여러분도 꼭 큰 소리로 읽으면서 요리조리 글을 다듬어 보세요.

자, 이제 앞에서 배운 내용을 바탕으로 글쓰기의 과정을 다시 한 번 정리해 볼까요?

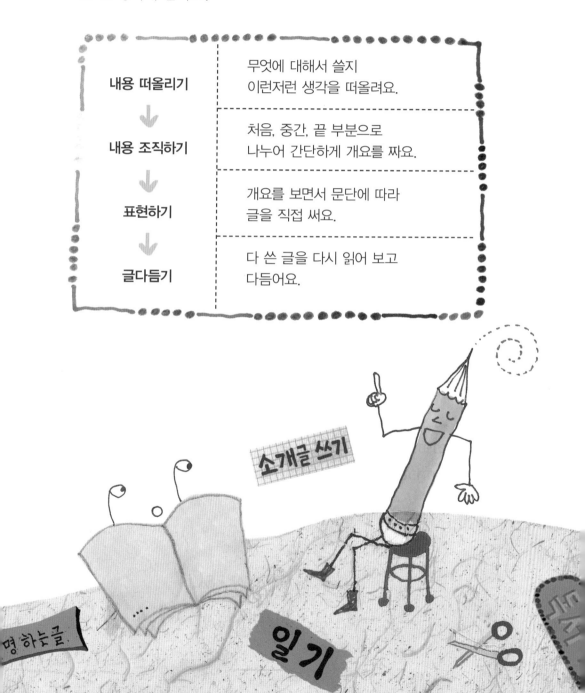

내용 떠올리기	무엇에 대해서 쓸지 이런저런 생각을 떠올려요.
↓	
내용 조직하기	처음, 중간, 끝 부분으로 나누어 간단하게 개요를 짜요.
↓	
표현하기	개요를 보면서 문단에 따라 글을 직접 써요.
↓	
글다듬기	다 쓴 글을 다시 읽어 보고 다듬어요.

소개글 쓰기

명하는글

일기

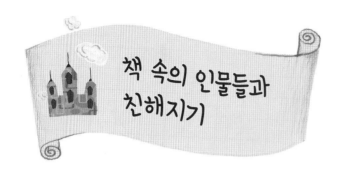

책 속의 인물들과 친해지기

 필구야, 드디어 오늘부터 겨울방학이야!

 너무 좋아하는걸. 방학 내내 학교에 안 가면 섭섭하지 않겠어?

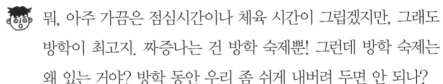 뭐, 아주 가끔은 점심시간이나 체육 시간이 그립겠지만, 그래도 방학이 최고지. 짜증나는 건 방학 숙제뿐! 그런데 방학 숙제는 왜 있는 거야? 방학 동안 우리 좀 쉬게 내버려 두면 안 되나?

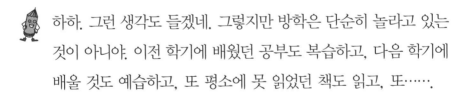 하하. 그런 생각도 들겠네. 그렇지만 방학은 단순히 놀라고 있는 것이 아니야. 이전 학기에 배웠던 공부도 복습하고, 다음 학기에 배울 것도 예습하고, 또 평소에 못 읽었던 책도 읽고, 또…….

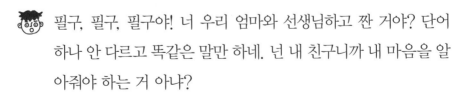 필구, 필구, 필구야! 너 우리 엄마와 선생님하고 짠 거야? 단어 하나 안 다르고 똑같은 말만 하네. 넌 내 친구니까 내 마음을 알아줘야 하는 거 아냐?

친구니까 너를 위해 하는 소리지. 그런데 방학 숙제가 그렇게 많아?

 내가 노는 걸 좋아해서 그렇지, 사실 숙제가 엄청나게 많지는 않아. 그런데 난 숙제 중에서도 독서록 쓰기가 가장 하기 싫더라. 한두 번 하는 만들기랑 그림 그리기는 재미있는데, 독서록처럼 계속 반복하는 쓰기는 좀 힘들더라고. 그래서 말인데, 독서록 쓰기를 네가 좀 도와줄래?

필구야 도와 줘!

 독서록은 책을 읽을 때마다 기록하는 숙제이니까 쉽지는 않겠지. 넌 책 읽는 거 좋아하니까 책을 읽고 느낀 점을 간단히 정리한다고 생각하면 어때?

 책을 읽는 건 재미있는데 독서록을 쓰는 건 별로야. 선생님께서는 꼭 글로 쓰지 않고 그림이나 만화를 그려도 된다고 하셨지만, 일단 책을 읽고 나면 어떤 독후 활동을 할지 그것부터 고민되더라고.

 그렇구나. 그럼 네가 평소에 자주 읽는 책은 어떤 것들이 있는지부터 점검해 볼까? 책의 종류에 따라 독서록을 쓰는 방법이 다를 수 있거든. 가장 자주 읽는 책은 어떤 종류지?

 당연히 이야기책이지. 전래동화, 창작동화도 재미있고, 예전에는 몰랐는데 요즘에는 위인전도 재미있더라고.

 그럼 네가 말한 우리나라 전래동화나 세계명작동화, 창작동화, 위인전 같은 이야기책을 읽고 할 수 있는 독후 활동으로는 어떤 것이 좋을지 생각해 볼까? 여기서 첫 번째 글쓰기 비법!

비법 1
이야기책 독서록을 쓸 때에는 인물과 사건에 초점을 맞춰라!

 인물과 사건? 인물이라면 이야기 속에 나오는 주인공을 말하는 거야?

 응, 맞아. 여기서 인물은 이야기 속에 나오는 주요 등장인물을 말해. 그리고 사건은 그 인물들이 겪고 있는 이야기의 중심 사건을 의미하지. 이야기책을 읽고 나서 기억에 남는 인물이 누구였는지, 그 인물이 어떤 사건을 겪었는지 먼저 정리한 다음 그것과 관련해서 자신의 생각을 표현하면 돼.

 이야기 속 주인공에게 내가 하고 싶은 말을 편지로 쓰거나, 이야기가 끝난 후 그 뒷이야기를 상상해서 쓰는 활동을 학교에서 해본 적이 있는데, 그런 걸 말하는 거구나. 또 어떤 활동들이 있는지 알려 줘.

그래! 이따가 다른 독후 활동도 정리해서 알려 줄게. 그리고 이 야기책 말고 다른 종류의 책은 주로 어떤 것을 읽니?

 나야 당연히 과학을 많이 보지. 최근에는 한국사도 읽기 시작했는 데, 꽤 재미있어.

 과학이나 수학, 역사 같은 정보를 주는 책들이구나. 아까는 작가 가 이야기를 지어서 만든 이야기책이라면, 이번엔 작가가 지식이 나 정보를 알기 쉽게 전해 주는 정보를 다룬 책인 셈이지. 이런 종류의 책을 읽은 뒤에는 어떤 것에 초점을 두고 독후 활동을 해야 할까?

 이번에는 지어낸 이야기가 아니니까 그전에 몰랐던 새로운 사실 을 알려 주겠네.

 빙고! 정보 책을 읽으면 그전에 몰랐던 내용을 새롭게 알게 되지. 여기서 두 번째 글쓰기 비법!

정보 책 독서록을 쓸 때에는 새롭게 알게 된 사실에 초점을 맞춰라!

 아, 그렇구나. 과학, 수학, 역사, 사회 등의 책은 내가 그 책을 통 해 알게 된 정보가 무엇이었는지를 먼저 정리해야겠구나. 그럼

독후 활동도 부탁해, 필구야.

 알았어! 그럼 정보 책을 읽고 나서 할 수 있는 독후 활동도 함께 정리해 줄게.

 책을 읽을 때는 책의 종류에 따라 무엇에 초점을 두고 읽느냐가 달라지는구나. 독서록을 쓸 때도 그중에서 골라 쓰면 되고 말이야.

그래. 독서록을 쓸 때는 글의 처음, 중간, 끝 구성을 갖추지 않고 짧게도 쓸 수 있어서 좋아. 또 독서록은 글만 쓰는 것이 아니라 다양한 방법으로 자신의 생각을 표현할 수 있으니까 재미도 있지. 그런데 독서록 쓰기 비법과 함께 꼭 기억해야 할 것이 있어.

 응? 그게 뭐야?

 독서도 미리 계획을 세우고 하는 것이 좋아. 특히 방학처럼 독서 시간이 여유로울 때에는 어떤 책을 읽을지 미리 계획을 세워야 해. 그러기 위해서는 '학년별 권장 도서'나 '내가 좋아하는 책의 목록'을 정리해서 읽을 책을 먼저 고르는 거야. 그리고 그 책들을 구입할 건지 도서관에서 빌릴지 계획을 세우는 거지. 단, 책을 선택할 때는 이야기책과 정보 책 모두 골고루 읽을 수 있도록 해야겠지.

 응. 미리 독서 계획을 세우고, 사야 하는 책은 엄마에게 부탁을 드려야겠다.

 그리고 책을 읽을 때, 몸에 익히면 좋은 습관도 있어.
첫째, 책을 읽을 때에는 앞표지 ➔ 뒷표지 ➔ 차례 ➔ 본문의 순서대로 읽는 거야. 앞표지에서 제목과 그림을 보며 어떤 책일지 먼저 생각하고, 뒷표지에 있는 책 소개를 읽으면서 내용을 예상해 보는 거야. 그리고 차례를 보면서 구성을 살펴보고, 그 뒤에 본격적으로 책을 읽기 시작하는 거지. 그리고 책을 읽다가 떠오르는 생각이나 모르는 단어가 있으면 메모를 해 두는 것도 좋아. 그런 단어는 나중에 사전을 찾아보는 것도 잊지 말고!

 그렇구나. 이제 당장 책을 읽고 독서록이 쓰고 싶어졌어. 역시 넌 마법의 연필이야!

필구야 고마워!

등장인물 분석하기 독서록 예시❶

제목:《닷발 늘어져라》, 작가: 권정생, 출판사: 한겨레아이들

	형	동생
성격	·욕심이 많다. ·게으름뱅이다. ·심술이 많다.	·마음씨가 착하다. ·뭐든지 해 준다. ·약속을 꼭 지킨다.
잘한 일	·거지 노인에게 주먹밥을 주었다. ·마지막에 잘못을 후회하고 착한 사람이 되었다.	·개암나무에서 떨어진 열매를 아버지, 어머니, 형에게 먼저 주었다.
잘못한 일	·일을 하기 싫어서 머리가 아프다고 거짓말을 했다. ·부자가 되고 싶어서 꾀를 부렸다.	·자기가 할 일도 아닌데 무조건 다 해 준다. ·도깨비들이 달아났을 때 방망이를 몰래 가져왔다.

출판기획안

내가 읽은 책들	《다 같이 하자, 환경지킴이》, 《월드컵 공원》, 《녹색 지구를 만들어요》
예상 글쓴이	환경 운동을 하는 전문가, 친환경주의 동화작가
예상 독자	초등학생 3~6학년
내가 생각한 책 제목	<곰곰이의 환경일기>, <환경 경찰, 에코>
책의 특징이나 들어갈 내용	•주인공은 토끼인데, 이름은 '곰곰이'다. •초대장을 받고 북극곰을 만나기 위해 북극으로 떠난다. 북극곰을 만나 환경 문제가 생긴 지구의 여러 곳을 함께 여행하게 된다. •이곳저곳을 여행하면서 환경에 대한 이야기를 일기로 쓴다.
미리 상상해 본 표지	

※ '출판'은 책을 만들어 세상에 내놓는 일을 말하고, '기획'은 어떤 일을 생각하고 계획하는 것을 말해요. '출판기획안'은 만일 자신이 책을 만든다면 어떤 책을 만들지 계획하는 활동이에요.

 독서록으로 내 생각을 표현해 보자!

· 독서록을 쓸 때에는 어떤 책을 읽을지 미리 독서 계획부터 세워
야 합니다. 이때 이야기책과 정보 책을 골고루 읽을 수 있도록 합
니다.

· 이야기책이나 정보 책에 따라 생각을 표현하는 방법이 달라집니다.
이야기책은 인물과 사건을 중심으로 책을 읽고 독후 활동을 계획
합니다. 또한 정보 책은 새롭게 알게 된 사실이 무엇인지 정리하며
활동을 계획합니다.

· 독서록은 완성된 형태의 글을 쓰는 것보다는 책에 대한 자신의 생
각을 기록하는 습관을 만드는 것이 중요합니다. 다양하게 자신의
생각을 표현할 수 있기 때문에 그 과정 자체를 즐기며 할 수 있도
록 하세요.

골라 쓰는 독후 활동

❶ **이야기책 독후 활동 : 중심 인물과 사건에 초점을 맞추기**

• 기자가 되어 인물과 인터뷰하기

• 그림에 나오는 인물의 말풍선을 상상해서 적기

• 주인공의 나이에 따라 행복의 정도가 어떻게 변하는지 인생 그래
  프 그리기

• 주인공의 일기를 상상해서 쓰기

• 인물의 성격을 분석하기

• 인물의 잘한 일과 잘못한 일을 표 안에 정리하기

• 어떤 사건이 있었는지 생각하며 여러 사건의 원인과 결과 정리해 보
  고, 독서 신문 만들기

• 뒷이야기 상상해서 쓰기

• 중심 사건을 만화로 그리기

• 비슷한 이야기의 책 두 권을 비교하여 공통점과 차이점 찾기

• 영화와 책을 비교하여 공통점과 차이점 찾기

❷ **정보 책 독후 활동 : 새롭게 알게 된 사실에 초점을 맞추기**

• 표지와 차례를 보고 떠오르는 질문 쓰기

• 중요 내용이나 새롭게 알게 된 내용으로 ○×퀴즈 만들기

• 더 알고 싶은 것을 생각해 작가에게 물어 볼 질문 만들기

• 중심 내용 요약하기

• 새로 알게 된 단어들의 뜻을 사전에서 찾아 적기

- 책의 정보를 홍보하는 광고 만들기
- 같은 종류의 책을 내가 만든다고 상상하여 책 표지와 차례 구상하기
- 관련 주제에 대한 나만의 연구 계획서 만들기
- 가족이나 친구 혹은 생활 주변에 적용할 수 있는 예를 찾기

★독서 신문 만들기

예를 들어 독서 신문을 만들어 볼까요? 먼저 독서 신문은 독서와 신문이 합쳐진 말이라는 것을 눈여겨보세요. 기본적으로 신문이기 때문에 신문의 성격과 형태를 빌리면서 책과 관련된 다양한 활동을 할 수 있어요.

❶ 신문을 여는 대문!

신문의 기본적인 정보를 담을 대문이 필요합니다. 신문의 제일 윗부분이나 왼쪽 또는 오른쪽에 적절하게 만들 수 있는데, 신문의 제목을 비롯하여, 만든 이, 만든 때, 전체 면수 등의 정보를 넣습니다. 특히 자신만의 개성이 드러나도록 톡톡 튀는 아이디어를 발휘하여 나만의 제목을 만들 수 있습니다.

❷ 신문 기사는 이런 내용으로!

신문 기사는 어떤 내용이어야 할까요? 바로 읽는 이가 관심을 갖는 것이면서 알릴 만한 가치가 있는 내용이어야 합니다. 보통 객관적인 사실을 전달하는 것이 대부분이지만 때에 따라서는 글을 쓰는 이의 주장이 들어가는 기사도 있습니다. 사실을 전달하고자 할 때에는 '언제, 어디서, 누가, 무엇을, 어떻게, 왜'의 육하원칙에 맞춰 자세한 내용으로 쓰는 것이 좋습니다. 이런 기사 외에도 단어 퍼즐, 만화, 게임 등을 활용하여 신문을 구성할 수 있습니다.

❸ 시각 자료를 뒷받침 자료로 든든하게!

신문 기사는 글로만 구성되어 있지 않습니다. 보통 신문은 기사 내용을 뒷받침하는 사진, 그림, 표, 그래프 등의 자료를 넣어 읽는 이의 이해를 돕습니다. 독서 신문에서 시각적인 자료를 활용할 때에는 글과 시각 자료의 배치를 미리 생각하여 만들도록 합니다.

❹ 상품이나 생각을 알리는 광고!

신문에서 빠지지 않는 것 중 하나가 바로 광고입니다. 광고는 상품이나 생각을 알리고 권장하는 것으로 사람들에게 강한 인상을 주기 위하여 여러 가지 표현 방법을 사용합니다. 독서 신문에서도 책을 홍보하는 광고, 책과 관련하여 상상한 내용의 광고, '책을 많이 읽자'처럼 어떤 생각을 알리는 광고 등의 형태로 다양하게 표현할 수 있습니다.

과학의 달 글쓰기
상상하는 글

로봇펫과
함께 여행을!

 봄이 되면서 날씨가 많이 따뜻해졌어. 새 학년이 된 기분이 어때?

 학교생활이 더 재미있어졌어. 새 담임 선생님과 친구들도 좋아. 공부가 더 어려워지고 작년보다 숙제도 많아지긴 했지만, 열심히 하는 중이야.

 이제 곧 4월이니까 '과학의 달' 행사가 다가오겠구나.

우아! 어떻게 알았어? 안 그래도 오늘 선생님께서 과학의 달 행사에 대해 말씀해 주셨어. 난 이번에 '과학 상상 글쓰기' 대회에 도전해 보려고 해. 너처럼 글쓰기를 도와줄 특별한 친구도 있으니까 말이야.

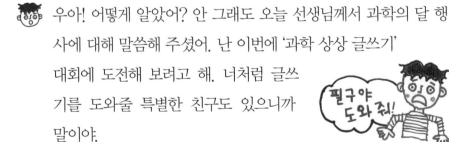

필구야 도와 줘!

좋은 생각이야. 넌 과학 책 읽는 것을 좋아하니까 잘할 수 있을 거야.

 과학 책을 읽는 건 재미있는데 과학에 대해 내 생각을 글로 쓰는 건 잘 모르겠더라고. 글쓰기 대회는 처음 도전하는 거라 걱정이 되기도 해. 과학에 대해서 뭐든지 상상한 걸 그냥 쓰면 되는 거야?

 응, 맞아. 먼저 '상상'하고 그다음에 '쓰면' 되지. 먼저 자유롭게 상상하면서 그 과정을 반드시 써 보는 것이 중요해. 그 과정에서 '무엇을 쓸지' 결정하는 거야. 생각을 쓰면서 정리할 때에는 여러 가지 방법이 있는데 너한테는 2가지 방법을 추천해 주고 싶어. 바로 '브레인 스토밍'과 '마인드 맵'이지!

 브레인? 뇌? 스토……?

 걱정 마. 차근차근 설명해 줄게. 먼저 브레인 스토밍은 그냥 생각 나는 대로 뭐든지 종이 위에 적어 보는 걸 말하는 거야. '과학'과 '상 상'이라는 단어에서 떠오르는 모든 단어를 마치 낙서하듯이 적는 거지. 적은 것들 중에서 네가 더 관심 있거나 쓰고 싶은 내용을 골라 그것을 재료로

글을 쓸 준비를 하는 거야.

두 번째로 마인드 맵은 우리말로 '생각의 지도'라는 건데, 예를 들어 '과학'이라는 단어를 중심에 두고 마치 그물처럼 사방으로 생각을 뻗어 나가는 거야. 네 머릿속에서 떠오르는 단어들을 지도처럼 연결시키고, 그중에서 자신이 좋아하는 주제를 찾아내면 돼.

브레인 스토밍과 마인드 맵 둘 중 어떤 것이라도 상관없지만, 무엇을 쓸지 결정하기 위해서는 반드시 쓰면서 생각해야 한다는 점을 잊지 마! 너도 직접 해 보면 무엇을 쓸지 결정하기가 더 쉬워질 거야.

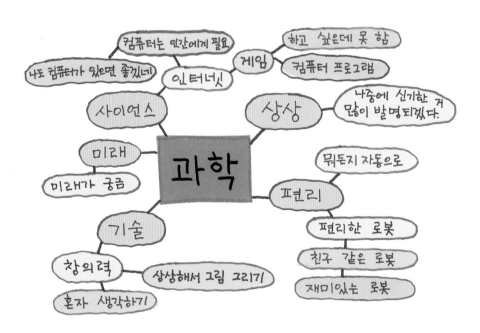

자! 다 했어. 하고 보니까 정말 낙서 같다. 이 중에서 요즘 내가 관심이 많은 단어들이 로봇, 미래, 컴퓨터 프로그램, 게임, 친구, 강아지 등이야. 마인드 맵을 하면서 로봇에 대한 이야기를 쓰고 싶다는 생각이 들었어. 미래의 로봇 말이야.

 그래, 그거 멋진 생각이구나. 마인드 맵이나 브레인 스토밍을 이용해 여러 생각들을 펼쳐서 쓰고 그중에서 원하는 내용도 찾았다면, 이번에는 '문장 만들기'를 할 거야. 네가 선택한 단어들을 아래 문장의 빈칸에 넣어서 다양한 문장을 만들어 볼까? 그런 다음 가장 재미있어 보이는 문장을 하나 고르면 돼.

만일 ( )이/가 ( )	라면? 였다면? 가 된다면? 하지 않았다면?

 무슨 퍼즐 게임 같기도 하고 재미있네. 내가 고른 문장은 바로 이거야.

"만일 미래에 (**로봇**)이 (**강아지 같은 애완동물**)이 된다면?"

애완동물을 키우고 싶다고 몇 번이나 말씀 드렸는데, 엄마가 안 된다고 하셨거든. 그런데 얼마 전에 로봇과 함께 사는 아저씨가 나오는 영화를 본 적이 있어. 그래서 미래에는 어린이들과 친구처럼 지낼 수 있는 '로봇펫'이 있으면 좋겠다는 생각이 들었어.

 로봇펫? 진짜 그런 게 있으면 재미있겠다. 그럼 이렇게 해서 무엇을 쓸지는 결정했네. 우리의 주제는 로봇펫 이야기!
그럼 이제 어떻게 쓸지를 같이 얘기해 볼까? 상상하는 글처럼 자유로운 글의 경우에는 어떻게 쓸지 생각할 때 먼저 글의 형식을 정하는 게 좋아.

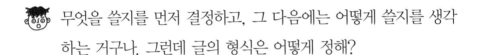 무엇을 쓸지를 먼저 결정하고, 그 다음에는 어떻게 쓸지를 생각하는 거구나. 그런데 글의 형식은 어떻게 정해?

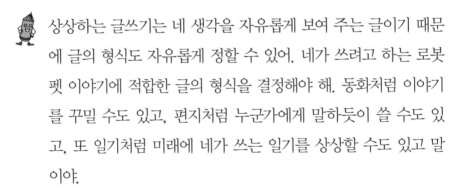 상상하는 글쓰기는 네 생각을 자유롭게 보여 주는 글이기 때문에 글의 형식도 자유롭게 정할 수 있어. 네가 쓰려고 하는 로봇펫 이야기에 적합한 글의 형식을 결정해야 해. 동화처럼 이야기를 꾸밀 수도 있고, 편지처럼 누군가에게 말하듯이 쓸 수도 있고, 또 일기처럼 미래에 네가 쓰는 일기를 상상할 수도 있고 말이야.

일기가 좋겠어. 미래에 어떤 어린이가 로봇펫과 함께 지내는 이야기를 쓰고 싶어. 그냥 집이나 학교에서 일어나는 이야기보다 여행을 가는 건 어떨까? 로봇펫과 함께 여행을 떠나면 진짜 재미있을 것 같아.

그런데 난 항상 뭔가를 쓰려고 할 때 시작을 어떻게 해야 할지 모르겠어. 일단 첫 문장을 쓰고 나면 그래도 어느 정도 글을 쓸 수 있겠는데, 그 시작이 너무 어렵더라고.

 맞아. '시작이 반'이라는 속담도 있잖아? 첫 문단, 그중에서도 첫 문장은 글 전체의 첫인상이기 때문에 아주 중요해. 처음이 재미있으면 그 글을 끝까지 읽고 싶어지거든. 그럼 여기서 글쓰기 비법, 세 번째!

비법
3

의문문으로 첫 문장을 써라!

 의문문이라면 물음표로 끝나는 문장을 말하는 거지?

맞아. 글의 첫 문장을 의문문으로 쓰면 읽는 이를 궁금하게 만들어서 글을 더 읽고 싶게 만들거든. 그러니까 첫 문장이 정말 중요하겠지. 첫 문장으로 어떤 내용이 좋을까?

 로봇펫을 소개하거나 로봇펫과 여행하고 있는 상황을 설명하는 게 좋겠어. '나의 가장 소중한 친구인 로봇과 어디로 여행을 갈까? 기차를 타고 갈까? 우주선을 타고 갈까?' 이렇게 쓰는 건 어때?

 괜찮은걸! 로봇펫과 함께 어디론가 떠나고 있는 상황을 알려 주면서도 뒷 내용을 궁금하게 만드는 것 같아. '내 친구는 로봇펫인데, 나는 로봇펫과 여행을 하고 있다.'와 같은 평서문보다 글이 훨씬 살아 있는 것 같아. 그럼 이야기를 본격적으로 하게 될 중간에서는 무엇을 쓰면 될까?

 로봇펫이 이야기의 주인공이니까 여행을 하는 과정에서 로봇펫이 특별한 기능을 발휘하는 내용을 쓰고 싶어. 음…… 내비게이션처럼 길을 안내하고, 쉴 때는 영화를 같이 보며 대화도 나누고, 뭐 게임도 같이 하고 말이야.

 재미있는 내용이네. 그런데 네가 말하고 싶은 로봇펫의 기능을 그냥 이것저것 차례대로 쓰는 것보다는 어떤 하나의 사건 속에서 자신의 기능을 발휘하는 로봇펫의 이야기를 쓰는 게 어떨까? 하나의 중심 사건을 정해서 자세하면서도 흥미롭게 쓰는 거지.

그러니까 로봇펫과 함께 여행을 하고 있는데, 갑자기 어떤 큰 사건이 생기고, 그걸 로봇이 해결해 주는 이야기를 쓰면 되겠네. 그러면서 미래의 로봇은 어떤 능력이 있는지 마음껏 상상해서 쓸 수 있겠다.

 이야기가 점점 더 흥미진진해지는걸. 그리고 여기서 하나 더! 어떤 사건을 자세하게 이야기할 때 누가 이렇게 말했다고 설명하는 것보다 대화체로 더 실감나게 살려서 쓰면 좋아. 그게 바로 네 번째 글쓰기 비법이지!

비법 4 대화체로 써라!

 대화체? 대화체라면 어떻게 쓰는 거지?

 바로 " " 모양의 큰따옴표를 활용하는 거야. '나는 로봇에게 도움이 필요하다고 말했다.'라고 하는 것보다는 '나는 로봇에게 "지금 너의 도움이 꼭 필요해. 도와줘!"라고 말했다.' 처럼 쓰는 것을 대화체라고 하지. 모든 대화 부분을 다 대화체로 쓰는 것보다는 강조하고 싶은 부분만 대화체로 쓰면 더 효율적이야.

 그렇구나. 평소에 일기를 쓸 때도 매번 '엄마가 ~~라고 말씀하

섰다.' 라고 썼는데, 대화체로 글을 쓰면 재미도 있고, 읽을 때 이해도 쉽겠다. 앞으로 자주 써먹어야겠어! 오늘의 비법은 물음표와 따옴표! 이것만 기억하면 되겠구나.

 그래. 일기를 쓰거나 다른 글을 쓸 때에도 대화체를 잘 활용하면 아주 효과적이야. 이제 글 전체를 마무리하는 끝에서는 어떤 내용을 넣으면 좋을까? 중간과 관련 있으면서도 구체적인 네 생각이 들어가는 게 좋겠지?

 끝에서는 지금까지 벌어진 사건을 통해 로봇펫에 대해 느낀 점을 쓸 거야. 로봇펫이 그냥 장난감이 아니라 얼마나 소중한 친구인지도 쓰고 싶어. 근데 이렇게 이야기하다 보니까 정말 이런 로봇이 있으면 좋겠다.

 그래. 나도 정말 그런 생각이 드네. 그럼 글 전체의 계획이 어느 정도 세워졌지? 지금까지 얘기했던 걸 정리해서 개요로 간단히 만들어 봐.

 응. 까먹기 전에 얼른 개요부터 써야지. 또 로봇의 여러 가지 기능에 대해서 인터넷에서 자료도 찾아야겠다!

상상하는 글의 처음

제목 : 종이 책이 사라진다면?

전자책의 인기가 점점 높아지고 있다. 그렇다면 미래에는 종이 책이 없어질까? 미래에는 종이로 된 책을 보려면 박물관에 가야만 하는 걸까? 전자책은 수백 권의 책을 작은 기계에 넣을 수 있기 때문에 편리해서 지금보다 더 많은 사람들이 이용할 것이다. 그래서 종이 책이 없어질 거라고 생각하는 사람들도 많다고 한다.

이 문제에 대해서 학교에서 토론을 했는데, 나는 선생님께서 마지막에 해 주신 말씀이 가장 기억에 남는다. 선생님께서는 종이 책이 사라지지 않을 거라고 하시면서 "스스슥 책을 넘길 때 나는 소리를 생각해 봐. 종이에서 나는 냄새도 있잖아? 사람들은 그걸 잊을 수 없을 거야."라고 말씀하셨다.

그래서 나는 종이 책이 없어지면 어떻게 될지 미래를 상상해 보려고 한다.

내 소중한 친구 로봇펫과 이제 어디로 여행할까? 기차를 탈까? 우주선을 타 볼까? 사실 어떤 방법으로 가느냐는 중요하지 않다. 누구와 함께 있느냐가 더 중요하다고 생각한다. 나의 친구인 로봇펫 '하하'와 함께 여행할 수 있어서 나는 엄청 행복하다.

하하는 우리 여행의 모든 것을 영상으로 기록해서 엄마에게 전달하고 있다. 4시간마다 나의 눈을 검사해서 내 건강 상태도 부모님에게 보고하고 있다. 오늘 아침에는 엄마가 하하를 통해 내게 메시지를 보냈다.

"좋은 아침이구나, 아들아! 네가 어제 먹은 음식에는 비타민이 조금 부족했어. 오늘은 비타민을 꼭 챙겨 먹도록 해! 그리고 햇볕이 뜨거우니 선크림도 꼭 발라야 한다. 오늘도 재미있게 여행하렴."

멀리 떨어져 있지만 엄마는 하하 덕분에 나에 대해 모르는 게 없다. 그래서 하하의 단점은 바로 거짓말을 못 하는 것이다.

 **떠오르는 대로 무엇이든지 써 봐요!**

- 글을 통해 자신의 생각을 펼치기 위해서는 가장 먼저 손에 연필을 들어야 합니다. 그리고 생각이 떠오르는 대로 무엇이든지 써 보는 것이 글쓰기의 시작입니다. 이것저것 메모한 것 중에서 내가 더 쓰고 싶은 내용을 찾아내면 그것이 나의 '글감'이 됩니다.

- 먼저 무엇에 대해 쓸지 결정하고, 그다음에 글의 형식을 선택하면 좋습니다. 평소에 다양한 종류의 글을 읽은 경험은 글을 쓸 때에도 좋은 밑거름이 될 수 있습니다. 작가들이 쓴 글도 좋지만 또래 친구들이 쓴 글을 많이 읽는 것도 좋은 방법입니다.

- 글의 첫인상은 바로 첫 문단, 그중에서도 첫 문장이 결정합니다. 그래서 읽는 이를 궁금하게 만들어서 자신의 글을 끝까지 읽게 만드는 것이 첫 문장의 역할이지요. 그 방법 중의 하나가 첫 문장을 의문문으로 쓰는 것입니다.

- 누군가가 한 말을 글로 쓸 때, 큰따옴표(" ")를 넣어서 대화체로 표현하면 내용을 강조하는 효과와 함께 글이 살아 있는 듯한 느낌을 줄 수 있습니다. 읽는 이가 그 인물이 직접 말하는 것처럼 머릿속으로 인물의 목소리나 표정 등을 상상해 볼 수 있으니까요.

골라 쓰는 첫 문장 쓰기 비법

❶ 자신이 겪은 일이나 실제로 있었던 일 쓰기

쓰려고 하는 글의 주제와 관련된 자신이 겪은 일을 간단히 쓰며 첫 문단을 시작해 보세요. 이때 말을 큰따옴표(" ") 안에 넣어서 첫 문장을 시작하면 읽는 이의 관심을 일으킬 수 있습니다.

예

> "할머니, 베란다로 좀 오세요. 여기 토마토가 열렸어요."
> 일요일 아침, 무심코 들여다본 베란다 화분에 정말 동글동글한 토마토가 열렸다. 내가 제대로 물을 주지 않아서 죽은 줄 알았는데, 할머니가 며칠 우리 집에 계시는 동안 화분을 살려낸 것이다. 할머니 손에는 무언가 특별한 게 있는 것이 분명하다.

❷ 앞뒤 말이 맞지 않는 문장으로 충격 주기

뭔가 처음 들었을 때 '그게 뭐야? 말도 안 돼.'라는 생각이 들 법한 문장으로 시작해서 읽는 이에게 충격을 주는 방법입니다. 이런 문장은 자신이 말하고자 하는 중심 이야기를 잘 담고 있는 말이어야 합니다. 읽는 이가 충격을 받고 그 뒷이야기를 무척 궁금해하겠지요?

나는 눈을 감고 있어도 다 볼 수 있다!
내가 특별한 초능력을 갖고 있어서 그런 걸
까? 혹시 아이언맨처럼 특수 장비를 쓸 수 있기
때문에 그런 걸까? 아니다. 난 눈을 감은 상태
로 소리만 들어도 엄마가 화가 났는지 행복한지
모두 알 수 있다.

❸ 낱말의 뜻을 풀이하면서 시작하기

낱말의 뜻을 풀이하는 것을 '정의'라고 합니다. 국어사전이나 영어 사전이 바로 정의
로 이루어져 있지요. 쓰는 주제와 관련된 중심 단어의 뜻을 사전에서 찾아 첫 문장
에 쓰면 글의 주제를 분명하게 하는 효과가 있습니다.

'인권'이란 인간으로서 당연히 가지는 기본적인 권리를 말
한다. 그렇다면 '학생 인권'은 학생으로서 가지는 기본적인
권리라고 할 수 있다. 우리가 학교와 교실에서 누리는 모든
것들이 학생 인권이 된다.

❹ '만일 ~라면 당신은 어떻게 할 것인가' 로 문제점 제시하기

'만일 ~라면······' 과 같은 형태의 문장을 '가정'이라고 합니다. 첫 문장에서 가정으
로 독자에게 생각할 문제를 던져 주는 것도 독자의 흥미를 자극하는 좋은 방법입
니다.

예 만일 인터넷이 없다면 우리의 생활은 어떻게 될까? 요즘은 컴퓨터나 노트북, 스마트폰 등 여러 가지 매체로 인터넷을 사용하고 있다. 이런 인터넷이 사라진다면 현대인들은 일상생활을 하는 데 큰 불편함을 겪을 것이다.

❺ 속담, 명언, 노래 가사 중에서 빌려 온 구절 쓰기

자신이 쓰려는 주제를 포함하는 속담이나 노래 가사 등을 첫 문장에 쓰면 독자는 그 뜻을 생각하며 주제를 미리 짐작하게 됩니다. 이때 명언을 말하거나 노래를 부른 사람의 이름을 밝히는 것도 잊지 마세요.

예 '천재란 1퍼센트의 영감과 99퍼센트의 노력으로 이루어진다'라는 에디슨의 말이 있다. 타고난 재능으로 발명왕이 되었을 것 같은 에디슨도 사실은 엄청나게 노력했다고 한다. 우리는 무언가를 하다가 잘 안 될 때 '난 안 돼! 난 머리가 나빠!'라고 생각하고 포기할 때가 많다. 하지만 에디슨의 명언은 성공하기 위해 무엇이 중요한지 우리에게 다시 한 번 생각해 보게 한다.

양성평등 글쓰기
주장하는 글

 요즘 새로 사귄 친구들하고는 잘 지내? 얼마 전에 소풍도 다녀 왔지?

 응, 뭐 나쁘진 않아. 그런데 남자애들과는 점심시간에 축구도 하면서 재미있게 노는데, 난 여자애들하고는 좀 안 맞는 것 같아. 소풍을 가서도 남자애들하고만 놀았거든.

 왜 그래? 다 친하게 지내면 좋지.

 그게 생각보다 쉽지 않더라고. 오늘 국어 시간에 양성평등에 대해 토론을 했거든. 내일 양성평등 글쓰기 대회가 있어서 우리가 미리 생각할 수 있도록 선생님께서 토론 시간을 마련해 주신 거지. 그런데 토론해 보니까 남자와 여자가 서로 생각이 많이 다르더라고!

양성평등이라면 남녀를 차별하지 않고 동등하게 대우하는 걸 말하잖아.

 응. 토론 시간에 여학생들은 여자가 차별받고 있는 예를 들면서 평등이 이루어져야 한다고 주장했어. 발표를 들으면서 우리 사회에 여자가 차별받는 일이 많이 있다는 걸 알게 되었지. 우리 엄마 아빠도 같이 맞벌이를 하지만 엄마가 집안일을 더 많이 하시거든.

 그런데 어떻게 의견이 달랐다는 거야?

 교실 안에서 우리의 생활 모습을 곰곰이 살펴보니까 남자가 차별받는 일도 있다는 생각이 들더라고. 선생님도 여학생보다 남학생한테 좀 더 엄하신 것 같아. 남학생들이 그것 때문에 속상할 때가 많다니까! 그걸 토론 시간에 발표하고 싶었는데 하지 못했거든. 내일 글쓰기 시간에는 꼭 그 내용을 쓰고 싶어.

 남학생들이 그렇게 느낀다는 건 나도 몰랐어. 이야기를 들어 보니 네 주장이 점점 더 궁금해지는걸? 그럼 네 생각들을 정리해서 친구들에게 주장하는 글을 쓰는 게 어때?

 주장하는 글?

 응! 너는 반 여학생들의 주장과 반대되는 의견을 갖고 있잖아.

네가 그 친구들을 설득하는 거야. 이런 글을 '주장하는 글'이라고 하는데, 내세우고 싶은 주장과 그렇게 생각하는 이유들을 차례대로 적으면 돼.

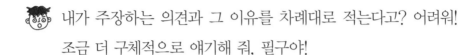 내가 주장하는 의견과 그 이유를 차례대로 적는다고? 어려워! 조금 더 구체적으로 얘기해 줘, 필구야!

우선 주장하는 글을 쓸 때, 글의 처음에서 네 주장을 분명하게 밝히는 게 좋아. 왜 이런 주장을 하고 싶은지 덧붙여도 좋고. 그럼 너의 주장을 정리해 볼까?

나도 당연히 양성평등이 이루어져야 한다고 생각해. 남자와 여자가 모두 행복하면 좋잖아. 단지 내가 하고 싶은 말은 '남학생들이 받는 차별도 없애야 한다.'라는 거지.

그래. 그러면 주장은 분명하게 정해졌네. 그다음으로 어떤 주장이 있으면 그걸 주장하는 이유가 있잖아. 그 이유를 다른 말로 '근거'라고 해. 중간에서는 근거를 차례대로 쓰는 거지. 그런데 근거를 쓸 때는 생각나는 대로 막 쓰면 안 돼. 네가 생각하는 근거 중에서 중요한 몇 개만 뽑아 순서를 정해서 써야 설득력이 있는 글이 되거든. 여기서 다섯 번째 글쓰기 비법!

비법 5 '첫째, 둘째, 셋째…… 마지막으로'를 달아라!

여기서 퀴즈 하나!

주장과 근거 중에서 무엇이 더 중요할까?

 음…… 헷갈리는데? 주장이 더 중요하지 않아?

 땡! 근거가 더 중요해. 주장하는 글의 목적을 생각해 봐. 이 글을 쓰는 목적이 누군가를 설득하기 위한 거잖아? 그러니까 이유를 잘 말해야 상대방이 '그래. 들어 보니 네 말이 맞는 것 같다.'라고 생각하겠지! 그래서 주장보다 근거가 더 중요하고, 글을 쓸 때에도 근거를 더 신경 써서 많이 써야 해.

 그렇구나. 그럼 이제부터 근거를 몇 가지로 정리해서 첫째, 둘째, 셋째…… 이렇게 쓰면 되겠다. 근데 어떤 근거를 들 수 있을까? 음…… 학교생활을 하다 보면 정말 그렇게 느낄 때가 많거든. 지난주에 소풍을 갔을 때도 그랬어. 민영이와 경훈이가 의견이 안 맞아서 서로 말다툼을 하다가, 민영이가 먼저 경훈이의 가방을 발로 찼어. 그러자 화가 난 경훈이도 민영이의 가방을 발로 찼어. 그런데 선생님은 경훈이만 혼내셨어. 먼저 싸움을 시작한 건 민영이였는데 경훈이만 혼난 거야. 그때 경훈이가 얼마나 속상해했는데…….

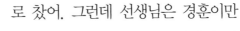

그뿐만이 아니야. 어제 체육

시간이 끝나고 쉬는 시간에 민경이가
일부러 나한데 공을 던졌어. 그래서
나도 공을 똑같이 던졌더니 민경이가
울어서 선생님한테 나만 혼났단 말이
야. 남자가 여자한테 공을 던졌다고 말이지. 먼
저 공을 던진 건 민경이었고, 거기다 민경이는 나보다 키도 크고
힘도 세거든. 여자는 공을 던져도 되고 남자는 안 되는 거야?
나 참! 남자들도 억울할 때가 많다고!

 진정해, 성진아! 정말 속상했구나. 이야기가 끝이 안 나겠는걸?
너 벌써 여러 가지 근거를 말했거든.

 내가 근거를 말했다고? 난 그냥 있었던 일을 너한테 말했을 뿐
인데?

 그게 바로 여섯 번째 글쓰기 비법!

비법
6

실제로 있었던 이야기를 근거로 써라!

네가 실제로 겪었던 일이나 들었던 이야기를 근거로 들면서 주
장을 뒷받침할 수 있어. 교실에서 있었던 일뿐만 아니라 학교에
서 일어날 수 있는 일 모두가 예가 될 수 있어.

아하! 그렇구나. 이제 어떻게 쓸지 감이 잡힌다. 그럼 끝은 어떻게 쓰지?

 양성평등은 단지 학교에서만 생각해 볼 문제가 아니잖아? 범위를 넓혀서 생각해 보는 건 어때? 우리 사회에서 보통은 여자가 차별받는 문제를 얘기하는데, 그 반대의 관점으로 바라본 것은 정말 좋은 태도거든. 범위를 학교 밖으로 넓혀서 사회적으로 남자가 차별받는 다른 예는 없는지 자료를 찾아보는 것도 좋겠지?

 알았어. 인터넷으로 좀 더 찾아볼게. 내일은 쉬는 시간에 학교 도서관도 가 봐야겠다! 또 우리 반 남자 애한테 내 생각과 비슷하게 느낀 적은 없는지도 물어봐야겠어.

필구야 고마워!

성진이는
이렇게 **썼어요!**

주장하는 글의 중간

제목 : 남학생 차별도 없애자!

첫째, 학급에서 역할을 나눌 때 평등하게 해야 한다. 우리는 초등학생이라서 남학생이라고 여학생보다 꼭 힘이 센 것은 아니기 때문에 힘든 일은 나누어서 해야 한다. '교실 환경 미화'를 준비했을 때, 나는 평소에 좋아하던 종이접기를 해서 교실을 꾸미고 싶었다. 그런데 남자라는 이유만으로 바닥을 닦았는데, 나보다 키도 훨씬 크고 힘도 센 여학생은 대충 종이접기를 하고 떠들고만 있었다. 그때 나는 불공평하다는 생각이 들었다.

둘째, 여학생이 남학생을 때리면, 남학생이 여학생을 때린 것과 같이

똑같이 벌을 받아야 한다. 남학생과 여학생이 다투면 남학생이 더 벌을 많이 받는 경우가 있다. 지난번 여학생이 먼저 남학생에게 공을 던져서 싸운 적이 있었는데, 먼저 공을 던진 여학생은 별로 혼나지 않았지만, 남학생은 아주 많이 혼이 났다. 이것은 정말 불공평하다.

제목 : 초등학생도 휴대전화가 필요하다!

초등학생에게도 휴대전화가 필요하다고 생각하는 이유를 말해 보겠다.

첫째, 휴대전화가 있으면 위험한 상황에서 부모님께 빨리 연락할 수 있다. 내가 공원에서 친구와 축구를 하다가 다리를 조금 다친 적이 있는데, 부모님께 바로 연락하지 못해서 빨리 병원에 갈 수 없었다. 그럴 때 휴대전화가 있었으면 좋았을 것이다.

둘째, 영어 공부를 할 때 도움을 받을 수 있다. 영어 공부를 하다 보면, 사전에서 단어를 찾아야 하는 경우도 많고 정확한 발음을 확인해야 할 때도 많다. 이럴 때 종이 사전보다 휴대전화를 이용해 인터넷 사전으로 찾으면 여러 종류의 사전에 있는 뜻을 한 번에 비교할 수 있어서 더 효과적이다.

 # 상대방을 설득하기 위한 글

- 어떤 문제에 대해 다른 의견을 가진 상대방을 설득하기 위하여 내 의견을 내세우는 글을 '주장하는 글'이라고 합니다.

- 주장하는 글에서는 주장하는 이유, 즉 근거를 잘 들어야 합니다.

- 근거가 여러 개일 때에는 '첫째, 둘째…… 마지막으로'를 활용해서 차례대로 쓰면 상대방이 이해하기 쉽습니다. 이때 각 근거마다 근거를 뒷받침하는 내용을 한두 개의 문장으로 이어서 쓰면 더 믿을 만한 글이 됩니다. 또, 하나의 근거에 관한 내용을 하나의 문단으로 쓴다면 각 문단의 길이가 비슷하도록 맞추는 것이 좋습니다.

- 주장을 뒷받침하려고 할 때는 실제로 있었던 이야기를 예로 들수 있습니다. 이것은 직접 겪었던 일일 수도 있고, 다른 사람에게 들었거나 책에서 읽었던 내용도 좋습니다. 읽는 이가 '정말 그렇구나!'라고 공감한다면 주장하는 글의 목적에 더 가까워지겠지요.

 ## 주장하는 글의 여러 가지 구성법

　주장하는 글을 구성하는 방법에는 어떤 것이 있는지 살펴볼까
요? 교과서나 다른 책에서 주장하는 글을 읽을 때 아래에 나오는
구성을 직접 찾아보세요. 그러면 나중에 글을 쓸 때에 많은 도움
이 될 거예요.

❶ 반대하는 주장의 문제점을 들어 나의 주장 뒷받침하기

나의 주장과 반대되는 주장에 대한 문제점을 지적하면 더욱 설득력을 얻을 수 있습
니다. 이를 통해 내 주장이 더 맞다는 것을 강조하는 것이지요.

❷ 두 개의 주장을 비교하여 나만의 의견 마련하기

두 개의 대표적인 주장이 있다면 그 두 개를 비교할 수 있습니다. 이를 바탕으로 두
개의 주장에서 좋은 점을 잘 섞어서 나만의 의견을 만듭니다. 이런 과정을 두고 두
의견을 '절충하여 대안을 만든다'라고 합니다.

❸ 문제의 원인을 말하고 해결책 제시하기

어떤 문제 상황을 제시한 뒤 문제가 일어난 원인을 말하고 그 원인을 해결할 수 있
는 방법을 밝힙니다. 이때 원인을 세 가지 말하면 그 원인을 해결할 수 있는 방법도
세 가지로 하는 것이 균형 잡힌 글을 쓰는 방법입니다.

여름방학

기행문

생각을 키우는 여행

 아, 드디어 여름방학이다!

 정말 신 났구나. 많이 놀고 책도 많이 읽으면서 재미있게 보내야지. 곧 가족여행도 가겠네?

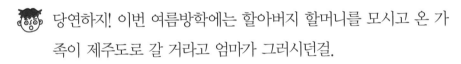 당연하지! 이번 여름방학에는 할아버지 할머니를 모시고 온 가족이 제주도로 갈 거라고 엄마가 그러시던걸.

 우아! 좋겠다. 나도 가고 싶어!

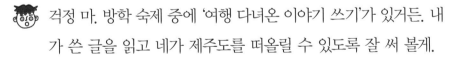 걱정 마. 방학 숙제 중에 '여행 다녀온 이야기 쓰기'가 있거든. 내가 쓴 글을 읽고 네가 제주도를 떠올릴 수 있도록 잘 써 볼게.

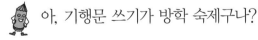 아, 기행문 쓰기가 방학 숙제구나?

응. 그런데 어떻게 쓰면 되는지 네가 도와주면 좋겠어. 사실 기

행문이 뭔지 아직 확실히 모르겠거든.

 기행문은 쉽게 말해서 여행하면서 보고, 듣고, 느끼고, 겪은 것을 적은 글이야. 형식은 일기나 편지처럼 써도 되고, 보고하듯이 써도 되고, 다양하게 할 수 있지. 그리고 기행문에 들어가는 내용에는 여정, 견문, 감상 이렇게 세 가지가 있어.

 여정, 견문, 감상?

 먼저 '여정'은 언제 어디로 갔는지 여행의 과정을 말하고, '견문'은 여행 중에 보고 들은 것을 의미해. 그리고 '감상'은 여행 중에 보고 들은 것들을 통해 자신이 느끼고 생각한 것을 말하는 거야. 기행문은 이 세 가지 내용을 쓰면 되는 거야. 일단 처음에는 무엇을 쓰면 좋을까?

 이제 나도 그 정도는 말할 수 있지! 처음에는 언제, 어디로, 왜, 누구와 여행을 가게 되었는지 간단히 소개할 거야. 그리고 중간에서 네가 말한 것처럼 여정, 견문, 감상을 자세하게 쓰는 게 좋겠어.

 우아~ 이제 제법인데? 네가 벌써 기행문 쓰기의 비법을 말해 버렸어.

이 내가 글쓰기의 비법을 말했다고? 난 그냥 자세하게 쓴다고만 말했는데?

 그게 바로 일곱 번째 글쓰기 비법이지.

비법 7 자세하게 묘사하라!

어떤 사물이나 현상 같은 것을 마치 그림을 그리듯이 표현하는 것을 '묘사'라고 해. 기행문을 쓸 때는 자세하게 묘사하는 것이 중요해.

 그러니까 그냥 'ㅇㅇㅇ에 갔다', 'ㅇㅇㅇ을 봤는데 좋았다.' 이렇게 짧게 쓰는 게 아니라 길고 자세하게 쓴다는 거구나. 무슨 말인 지는 알겠는데, 어떻게 하면 되는지는 솔직히 잘 모르겠어.

 그래서 내가 여기 있잖아. 기행문에서 자세하게 묘사할 때 쓸 수 있는 방법을 몇 가지 알려 줄게.
첫 번째, 꾸미는 말을 넣기! 장소나 사물 같은 명사 앞에 그것을 꾸미는 말을 넣을 수도 있고, 또 모습이나 소리를 흉내 내는 의 성어나 의태어를 활용해도 좋아. 좀 더 실감 나는 글을 쓰려고 한다면 '~같은, ~처럼'을 이용해서 비유하는 표현을 써도 좋지.

 그러니까 예를 들어서 폭포가 어땠는지를 얘기하려고 한다면,

'폭포가 온 몸이 시원해질 만큼 좋았다.'처럼 쓴다거나
꾸미는 말

또 '폭포가 쩌렁쩌렁 소리를 내며 떨어졌다'처럼 소리를
의성어

표현한 의성어를 넣거나,

'얼음처럼 차갑고 투명한 폭포'
폭포를 얼음에 빗대어 표현

같은 비유를 써도 되겠구나.

 맞아! 정말 잘했어. 기행문에서 자세하게 묘사하는 또 다른 방법
은 사물이나 장소 등을 소개할 수 있는 간단한 정보를 추가하는
거야. 그러면 읽는 이가 여행에 대한 정보를 통해서 네가 말하려는
견문이나 감상을 잘 이해할 수 있겠지. 이렇게 자세한 사실 정보를
추가하기 위해서는 여행 중에 미리 메모를 해 두는 게 중요해.

 찍은 사진을 함께 넣으면 그것도 좋은 정보가 되지 않을까?

 당연하지. 여행 전에 미리 자료를 찾아보고 가는 것도 좋겠지.
그리고 예전에 알려 줬던 비법 중에 큰따옴표(" ")를 활용한 대
화체로 쓰기가 있었잖아? 누군가가 한 말을 강조하고 싶을 때
기행문에서도 대화체를 적절하게 쓰면 좋아.

 그렇구나. 꾸미는 말 넣기, 사실 정보 추가하기, 그리고 강조하
고 싶을 때 대화체로 쓰기. 이런 방법을 활용하면 엄청 길게 문
장을 쓸 수 있겠다. 원고지가 금방 채워지겠는데?

그런데 바로 그 부분을 조심해야 해.

 응? 뭘 조심해야 해?

 자세하게 쓴다고 해서 문장을 길게 쓰라는 건 아니야. 내용은 풍부하고 자세하지만 문장을 쓸 때는 간결하게 써야 해. 이게 바로 여덟 번째 글쓰기 비법이지.

비법 8 문장을 간결하게 써라!

 자세하게 쓰라고 할 때는 언제이고 이번에는 간결하게 쓰라고? 뭔가 말이 앞뒤가 안 맞는 것 같은데?

 하하하. 그렇게 생각할 수도 있겠다. 그렇지만 '간결하게'는 '자세하고 길게'의 반대말이 아니야. 문장이 깔끔하면서도 짜임새가 있을 때 '간결하다'고 말해. 그럼 문장을 간결하게 쓰는 방법도 몇 가지 알려 줄게.

 응. 메모하면서 들을게.

 먼저 글을 처음 쓰기 시작할 때 많이 하는 실수인데, '~고, ~하고, ~했는데, ~했다.' 처럼 문장을 길게 늘여 쓰는 경우가 있어. 내용이 많을 때는 긴 문장을 쪼개서 여러 문장으로 쓰는 게 좋

아. 짧은 문장으로 나눈 다음 허전한 부분은 '그리고, 그런데, 그렇지만' 같은 연결어를 문장 사이에 넣어 주면 되지. 또 글을 다 쓰고 고쳐 쓰기를 할 때는 앞에서 했던 말이 반복되는 부분을 찾아서 없애야 해. 그래야 글이 자연스러우면서도 깔끔해져. 마지막으로 기행문이니까 묘사하려는 대상이 바뀌는 부분에 작은 제목을 넣어서 내용을 구분해 주는 것도 하나의 방법이야. 예를 들어 같은 제주도 기행문이라도 박물관에서 겪은 것과 식물원에서 겪은 것이 서로 다르니까 구분해 줘야겠지. 단, 이렇게 할 때는 제목을 따로 붙인 각 부분의 길이가 비슷해야 해. 어떤 건 몇 문단씩 쓰고 어떤 건 몇 줄만 쓰고 그러면 곤란해.

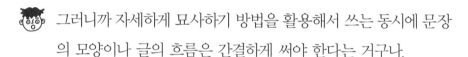 그러니까 자세하게 묘사하기 방법을 활용해서 쓰는 동시에 문장의 모양이나 글의 흐름은 간결하게 써야 한다는 거구나.

그 두 가지를 꼭 기억하면서 중간을 완성해야 해. 이제 마지막인 끝은 어떻게 할 생각이야?

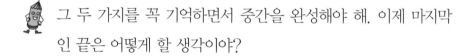 끝은 나의 전체적인 감상을 다시 한번 정리해서 넣는 게 좋겠어.

좋은 생각이야! 이젠 뭐 더 가르쳐 줄 것도 없네.

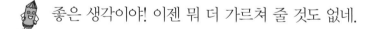 좀 제법이지? 그럼 오늘은 제주도와 관련해서 책도 찾아보고 인터넷도 검색해 볼 거야. 그러면 사실 정보를 쓸 때 좀 더 도움이 되겠지.

필구야 고마워!

기행문의 중간

제목 : 아름다운 자연과 함께한 제주도 여행

산책하며 나무를 관찰할 수 있는 한라수목원

두 번째 날 처음으로 찾아간 곳은 제주도 광이오름에 자리 잡은 한라수목원이었다. 오름 정상까지 이어진 산책로를 따라 걸었더니 나무의 좋은 기운을 느낄 수 있어서 좋았다. 할머니께서도 "나무에서 좋은 기운이 나오나 봐. 열 살은 그냥 젊어지는 기분이네. 흰머리도 쏙 들어가겠어"라고 말씀하셔서, 우리 가족은 가던 길을 멈추고 한참을 웃었다.

거울처럼 투명한 바다가 있는 협재

숙소에서 차로 1시간 정도 걸려서 협재 해수욕장에 도착했다. 바다가 다 똑같겠지 생각했는데, 막상 바다를 보니 아주 투명해서 푸른 거울을 보는 것 같았다. 수영복으로 갈아입고 바다에 들어가려고 다가갔다. 그러자 파도가 쓰쓰쓰 모래를 비비는 소리를 내며 내 무릎까지 올라왔다. 바다 속에서 배가 고픈 줄도 모르고 오후 내내 수영했다.

나무를 좋아하는 텔레비전

백남준의 작품은 알쏭달쏭하면서 수수께끼 같았다. 제일 기억에 남는 것은 '텔레비전 정원'이라는 작품인데, 진짜 나무들 사이에 다른 장면들을 틀고 있는 텔레비전 여러 대가 끼워져 있었다. 마치 나무가 빽빽이 많은 숲속에 텔레비전이 숨어서 쉬고 있는 것처럼 느껴졌다. 내 친구 도현이는 "이런 게 우리 집에 있으면 몰래 숨어서 텔레비전 볼 수 있겠다"라고 했고, 지나가던 아저씨는 "진짜로 이런 게 있으면 전기 때문에 숲에 불 나겠어"라고 말해서 모두 킥킥거렸다.

음악을 좋아하는 텔레비전

그 다음으로 가장 신기했던 작품은 '텔레비전 피아노'라는 것이다. 집에 있는 보통 피아노처럼 생겼지만 그 위에 크기가 전부 다른 여러 대의 텔레비전이 3층 정도로 쌓여 있다. 작거나 큰 텔레비전 모니터 중에 어떤 것은 화면이 세로이거나 거꾸로 된 것처럼 보였다. 왼쪽, 오른쪽으로도 텔레비전이 몇 개씩 놓여 있고, 화면으로 여러 종류의 영상을 볼 수 있었다. 이것은 1998년에 백남준이 설치한 작품이라고 하는데, 작품의 안내에 '폐쇄회로 시스템을 통해 주변의 환경을 피아노로 끌어오도록 되어 있다'라고 설명되어 있었다.

 # 내 감상을 자유롭게 적는 기행문

- 기행문은 여행을 하면서 보고, 듣고, 느끼고, 겪은 것을 자유롭게 적는 글입니다. 기행문에 들어가는 내용은 여정, 견문, 감상이 있습니다.

- 어떤 장소나 사물, 경치 등을 표현하려고 할 때에는 자세하게 묘사해야 하는데, 마치 그림을 그리듯이 표현하는 것을 '묘사'라고 합니다. 기행문에서는 여행 중 보고 듣고 느낀 것을 자세하게 묘사하여 읽는 이가 상상하며 읽도록 하는 것이 좋습니다. 그러기 위해서는 꾸미는 말을 넣어서 의미를 자세하게 만들거나, 사물이나 장소 등에 대해 사실 정보를 추가하거나, 대화 부분에 큰따옴표를 넣어 대화체로 쓰면 글을 좀 더 실감 나게 쓸 수 있습니다.

- 또한 문장을 깔끔하면서도 짜임새 있도록 간결하게 쓰는 것이 중요합니다. 간결하게 문장을 쓸 때에는,

  ① 길게 꼬리를 물고 있는 문장을 쪼개어서 짧은 몇 개의 문장으로 나누고 그 사이에 연결어를 넣습니다.
  ② 같은 내용이 반복된 부분을 찾아 없앱니다.
  ③ 여행 장소가 바뀌거나 묘사 대상이 바뀔 때에는 작은 제목을 붙여 글을 몇 부분으로 나누어 씁니다.

글을 다 쓰고, 고쳐 쓰기까지 끝낸 다음 마지막에 할 일은 글의 제목을 붙이는 일입니다.(물론 글쓰기를 시작할 때 짓기도 합니다.) 글의 제목은 글 전체의 내용을 담고 있으면서도 독자의 호기심을 일으킬 수 있도록 매력 있는 것이어야 합니다. 그럼 골라 쓰기만 하면 되는 제목 붙이기 비법을 살펴볼까요?

❶ 주제를 포함하는 문제를 던지기

주장이나 제안하는 글에 활용하면 좋은 방법으로, 글 전체에 걸쳐 말한 내용을 의문문의 형태로 제시할 수 있습니다. 이때 문장은 의문문처럼 생겼지만 물음표는 쓰지 않는 것이 더 자연스럽습니다. 실제로 어떤 답을 원하는 의문문이 아니기 때문이지요.

> **예**
>
> 학교 폭력은 어떻게 없앨 수 있을까.
> 초등학생의 휴대전화 사용은 꼭 필요한 것인가.

❷ 내 주장을 분명하게 밝히기

꼭 주장이 아니더라도 내 의견이 분명한 글이라면 그것을 아예 제목에 밝히는 것도 좋습니다. 이때는 짧고 간결한 형태의 문장으로 씁니다.

> **예**
>
> 우리에게는 학원을 선택할 수 있는 권리가 있다.
> 과학의 발달은 인간에게 독이 될 수 있다.

❸ 중심 소재와 그것의 대표적인 특성을 드러내기

글에서 중심 소재가 하나로 분명히 드러나는 경우에는 중심 소재의 대표적인 특성을 덧붙여서 제목으로 쓸 수 있습니다. 이때 덧붙이는 말과 중심 소재 사이에 쉼표를 넣어 쓰거나 짧은 어구의 형태로 바꾸어 써도 좋습니다.

> **예**
>
> 김정호의 두 다리가 만든 지도, 대동여지도
> 욕할머니는 따뜻한 욕쟁이

내 욕이 따뜻하다고?

❹ 비유법, 의성어 · 의태어, 대구를 활용하여 재미있게 표현하기

'~같은, ~처럼'을 이용한 비유법을 쓰거나 의성어 · 의태어를 넣어서 제목을 생기 있게 표현할 수 있습니다. 또 두 개의 비슷하게 생긴 어구를 연결하는 '대구'를 활용하여 리듬감이 느껴지듯이 쓸 수도 있습니다. 이런 제목은 중심 소재의 특성을 잘 드러낼 수 있는 내용이어야 합니다.

> **예**
>
> 연예인처럼 못하는 게 없는 내 친구 진호!
> 수퍼맨 같은 우리 엄마, 어린아이 같은 우리 엄마

❺ 광고 카피, 노래 제목, 책 제목 등을 따라하기

책, 노래, 광고 등 생활 주변에 보고 들을 수 있는 익숙한 문구를 따라하는 것도 하나
의 방법입니다. 이것을 '패러디'라고 하는데 익숙하면서도 변형된 문구를 통해 읽는
이의 관심을 모을 수 있답니다.

예

노래 〈당신은 사랑 받기 위해 태어난 사람〉
⋯⋯▸ 어머니는 나를 사랑하기 위해 태어난 사람

영화 〈찰리와 초콜릿 공장〉
⋯⋯▸ 에디슨과 아이디어 초콜릿 공장

교통안전 글쓰기
제안하는 글

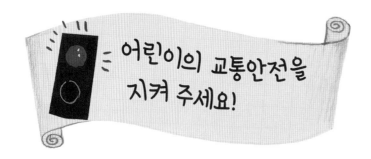
어린이의 교통안전을
지켜 주세요!

 필구야. 오늘은 '교통안전의 날' 행사가 있었어. 교통 경찰관 선
생님이 교통안전에 대해 강의도 해 주셨어. 그런데 숙제로 내일
까지 교통안전에 대한 글을 써야 해.

 교통안전이라…… 너희 학교 주변은 교통이 안전한 것 같아?

 아니. 얼마 전에 건호라는 친구가 학교 근처에서 교통사고를 당
해서 한 달이나 병원에 있었다니까!

 정말 큰일 날 뻔했구나. 교통안전은 어린이들이 많은 장소에서
더 중요한 것 같아.

 맞아. 그런데 그렇게 중요하다고 느끼지 못하는 어른들이 많아
서 문제야. 정말 어른들이 먼저 달라져야 해!

 어른들이 어떻게 달라져야 할까?

어린이들을 보호하기 위해서 학교 앞에는 차가 다니지 않았으면 좋겠어. 어린이들이 등굣길뿐만 아니라 하굣길에도 학교 앞 횡단보도를 안전하게 건널 수 있도록 부모님들이 도와줘야 하고……. 부탁은 백 개도 댈 수 있겠다, 뭐!

 그럼 너의 생각들을 정리해서 주장하는 글을 써 보면 어때?

 아~ 저번에 썼던 주장하는 글 말이야?

 응. 이번에도 네가 어른들을 설득하는 거야. 그런데 지금 네가 쓰려는 글은 '제안하는 글'과 비슷해. 네가 내세우는 큰 주장에 대한 제안들을 차례대로 적으면 돼. 어른들에게 부탁할 말이 백 개도 더 된다며?

 백…… 백 개는 아니고……. 그러니까 주장, 즉 제안하고 싶은 내용을 차례대로 적으면 된다고?

 그래! 이제 글의 구성 순서대로 들어갈 내용을 같이 생각해 볼까? '주장하는 글'을 쓸 때, 글의 처음에 네가 하고 싶은 주장을 분명하게 밝히는 것이 좋다고 했던 거 기억나지? 마찬가지로 거기에 왜 이런 주장을 하게 되었는지 동기를 말하는 것도 좋아.

내 주장은 '어린이의 교통안전을 위해 어른들이 달라져야 한다.' 이고, 건호가 교통사고를 당한 것을 보면서 이런 주장이 하고 싶어졌다는 이야기를 연결해서 쓰면 되겠네. 그다음에는 중간인데, 거긴 뭘 적지?

 네가 어른들에게 제안할 것들을 중간에서 차례대로 쓰면 돼. 주장하는 글처럼 '첫째, 둘째……'를 붙여 가며 쓰는 것도 좋겠다.

 그러니까 '첫째, 스쿨존에서 자동차 운행을 금지해야 한다. 둘째, 셋째……' 이렇게 쓴다는 거지?
그런데 말이야. 이런 종류의 글을 쓸 때 상대방을 설득할 만한 좋은 방법이 없을까? 그냥 '해야 한다' 만 되풀이하면 내 주장이 그렇게 믿을 만해 보일 것 같지 않아.

 그렇지. 내 주장이 더 믿을 만해 보이도록 하는 게 중요해! 여기서 아홉 번째 글쓰기 비법!

비법 9 인용구나 통계자료를 활용하라!

 인용이라면 다른 사람의 말이나 글을 빌려 쓰는 거 말이야?

 맞아. 글을 쓸 때 인용할 만한 것으로는 속담, 명언, 신문 기사, 책, 인터넷 등이 있어. 또 좋은 근거가 될 만한 통계자료를 빌려

써도 좋겠지. 그런데 다른 사람의 글이나 자료를 가져올 때는 주의할 점이 두 가지 있어. 먼저 글이나 자료가 신뢰할 만한 사람의 것인지 살펴야 해.

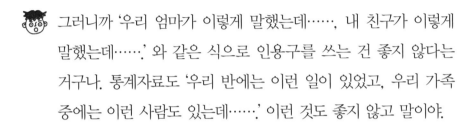 그러니까 '우리 엄마가 이렇게 말했는데……, 내 친구가 이렇게 말했는데……' 와 같은 식으로 인용구를 쓰는 건 좋지 않다는 거구나. 통계자료도 '우리 반에는 이런 일이 있었고, 우리 가족 중에는 이런 사람도 있는데……' 이런 것도 좋지 않고 말이야.

그렇지! 근거와 관련 있는 분야의 전문가가 쓴 글이어야 해. 또 통계자료일 때에는 가장 최근의 자료를 가져와야 해. 또 한가지 주의해야 할 점은 바로 '출처'를 정확히 밝혀 주는 거야.

출처? 그게 뭐지?

네가 누구의 말이나 글을 사용한 것인지, 어디에 있던 통계자료를 빌려 쓴 것인지 정확하게 밝히는 거지.

그거 지난번에 어떤 책에서 본 것 같아. 그런 걸 '저작권'이라고 하지?

맞아! 어떤 창작물을 만든 사람이 자신이 만든 창작물에 대해서 갖는 권리를 저작권이라고 해.

네 이야기를 정리해 보면, 신뢰할 만한 전문가의 말이나 최신의

통계자료를 빌려서 쓰되, 반드시 어디서 가져온 것인지 정확하게 출처를 밝혀야 한다는 거구나.

그럼 나는 어린이 교통사고에 관한 통계자료를 찾아보면 되겠다. 도서관에 가도 좋겠지만, 빠르고 간편한 인터넷으로 신문을 검색하면 어떨까? 교통 관련 기관의 홈페이지도 들어가 봐야겠어.

 그래. 인터넷으로 필요한 내용을 찾으려면 어떤 검색어를 입력해야 하지?

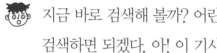 지금 바로 검색해 볼까? 어린이 교통안전, 스쿨존 같은 단어들로 검색하면 되겠다. 아! 이 기사 내용이 좋을 것 같아. 최근에 초등학교 근처에서 있었던 교통사고 통계가 그래프로 나와 있어.

 좋은 자료구나. 그 내용을 근거로 활용해서 네 글을 더 신뢰할 만한 글로 만들어 보자. 물론 출처를 미리 적어 두는 게 좋겠지?

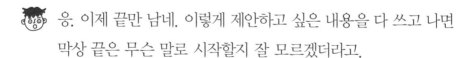 응. 이제 끝만 남네. 이렇게 제안하고 싶은 내용을 다 쓰고 나면 막상 끝은 무슨 말로 시작할지 잘 모르겠더라고.

 그럼 여기서 열 번째 글쓰기 비법!

비법 10 접속어를 활용하라!

글을 깔끔하게 마무리하기 위해서 풀을 한 번 사용해 볼까?

 풀? 연결하는 말?

 응. 문단이나 문장을 연결할 때 연결하는 말인 접속어를 쓰면 글이 훨씬 부드럽게 이어지거든. 너처럼 주장이나 제안을 한 다음 끝에서 정리할 때 '그러므로, 따라서, 요컨대, 이렇게 볼 때' 등과 같이 결론을 이끌어 내는 말도 좋고, '더불어, 또한, 덧붙여서' 등과 같이 다른 생각을 덧붙일 때 쓰는 말도 활용하면 좋아. 자주 쓰는 말이 아니니까 평소에 쓰는 연습을 해 두면 적절한 곳에 쓸 수 있지.

 책에서 많이 봤던 단어들인데 이럴 때 쓸 수 있는지는 몰랐어. 다음에 독서록이나 일기를 쓸 때도 연습해 봐야지.

필구야 고마워!

제안하는 글의 중간

제목 : 어린이의 교통안전을 지켜 주세요!

첫째, 초등학교 주변 스쿨존에서 모든 자동차의 통행을 금지해야 한다. 2012년 도로교통공단에서 발행한 '교통사고 분석 자료집(2012-0224-051)'에 의하면 교통사고에서 어린이 사망자 수는 줄었지만, 스쿨존에서 일어난 어린이 교통사고는 오히려 증가했다고 한다. 특히 하교 시간대인 16:00~18:00에 사고가 가장 많이 발생했으며, 초등학교 3학년 이하 어린이 사망자가 83.7퍼센트나 된다고 한다. 그만큼 스쿨존에서 교통사고가 많이 일어나기 때문에 스쿨존에서만이라도 자동차가 달리는 것을 완전히 금지해야 한다.

제안하는 글의 끝

제목 : 어린이들도 에너지 절약을 실천하자!

따라서 환경을 보호하기 위해 어린이들도 에너지 절약을 실천해야 한다. 학교 안에서도 집에서도 전기나 물을 절약하기 위해 앞에서 말한 방법을 잊지 않고 해야 한다. 지난 '서울국제에너지컨퍼런스'에 참여한 세계적인 학자인 존 번(John Byrne)은 우리나라에서 가장 필요한 에너지 자원이 '에너지 효율화'(2013.12.5. 에너지경제신문)라고 말했다고 한다. 그만큼 아껴서 쓰는 것이 중요한 것이다. 또한 어른들도 어린이들에게 환경 보호와 에너지 절약에 대한 교육의 기회를 더 많이 주어야 한다. 어른들과 함께하면서 어린이들도 더 열심히 실천할 수 있을 것이다.

인용구와 접속어를 활용할 때

- 나의 주장과 근거가 더 믿을 만하게 보이기 위해 속담, 명언, 신문 기사, 책, 인터넷 사이트 등에서 인용구나 통계자료를 빌려서 쓸 수 있습니다. 필요한 내용을 빌려올 때에는 해당 분야의 전문가의 말이나 가장 최신의 자료를 가져오는 것이 좋습니다. 특히 인용구나 통계자료는 어디서 그 자료를 가져왔는지 출처를 정확히 밝혀야 합니다. 이런 방법으로 다음과 같이 쓸 수 있습니다.

  9월 10일 ○○신문의 기사(www.○○.com)에 의하면
  미국의 ○대 대통령 ○○○가 ○○○에서 한 연설(○년○월○일)에 따르면
  소설가 ○○○가 〈○○○○〉(좋은출판사, 2012년, 66쪽)에서 이렇게 말했다.

- 끝을 시작할 때에는 연결하는 말인 접속어를 활용하면 매끄러운 글이 됩니다. 다음 중 해당되는 접속어를 골라 적절하게 쓰도록 합니다.

  ▶앞에서 한 이야기에 대한 결론을 말하려고 할 때
    그러므로, 따라서, 요컨대, 이와 같이, 이렇게 볼 때 등

  ▶앞에서 한 이야기에 덧붙이고 싶은 내용이 있을 때
    더불어, 또한, 덧붙여서 등

골라 쓰는 끝 부분 쓰기 비법

끝에서는 글 전체를 마무리하기 때문에 중간에서 했던 나의 이야기를 정리하고, 중요한 내용은 한 번 더 강조하는 것이 핵심입니다. 그 방법 중의 하나로 '끝을 접속어로 시작하기'를 살펴봤습니다. 그럼 이제 또 다른 비법을 알려 드릴게요. 그때그때 골라 쓰기만 하면 됩니다!

❶ 제일 중요한 내용 요약하기

이미 앞에서 말한 내용 중에서 가장 중요하다고 생각하는 것 두세 가지 정도를 한 번 더 강조하는 방법입니다. 이때 같은 내용이지만 말에 조금씩 변화를 줘서 쓰면 더 효과적입니다.

예

지금까지 말한 것처럼 학교 폭력은 단순히 몸에 상처를 주는 것만이 아니라 정신적으로 친구를 괴롭히는 것도 해당된다. 또 내가 직접 괴롭히지 않아도 괴롭힘을 당하는 친구를 모른 척하는 것도 마찬가지로 학교 폭력인 것이다. 나만 아니면 된다는 생각을 버리고 친구끼리 괴롭히는 일이 없도록 모두 생각을 바꾸어야 한다.

❷ 강하게 나의 다짐을 쓰기

'나'는 앞으로 어떻게 할 것인지 다짐을 밝혀 쓸 수 있습니다. 이렇게 쓸 때는 단순히 마음의 표현이 아니라 행동으로 어떻게 할 것인지 구체적으로 씁니다.

예

동생이 아팠던 경험을 통해 나는 가족의 소중함을 마음속 깊이 느끼게 되었다. 그래서 나는 평소에 부모님과 동생에게 마음을 자주 표현하기로 결심했다. 매일 저녁 부모님과 함께 대화를 나누고, 동생에게 내가 직접 공부를 가르쳐 줄 것이다.

❸ 읽는 이가 생각할 것을 질문하거나 당부하기

앞에서 주장하거나 제안한 내용과 관련하여 독자에게 질문을 던질 수도 있고 당부할 수도 있습니다. 읽는 이가 글을 다 읽은 후에도 생각할 수 있는 기회를 주는 것이지요.

예

인터넷이 없는 생활이 불편하다는 것은 조금만 상상해도 쉽게 짐작할 수 있다. 하지만 우리가 인터넷에 중독되어 바른 판단을 하지 못한다면 우리의 미래는 어떻게 될까? 영화에 나오는 것처럼 기계에 지배당하는 인간이 될 수도 있다. 미래 사회에서 나의 주인이 기계가 될지 자신이 될지 잘 생각해 보아야 한다.

❹ 내 느낌을 말줄임표(……)를 써서 표현하기

정서를 표현한 글이라면 끝에서 나의 느낌을 여운으로 남겨도 좋은 방법입니다. 이때 말줄임표(……)나 느낌표(!) 등 다양한 문장부호를 활용하면 효과적입니다.

> **예**
>
> 　이 영화를 보고 나오면서 나는 할머니를 떠올렸다. 주인공의 할머니처럼 언제나 나를 아껴 주셨던 할머니. 이제는 하늘나라에 계시지만 멀리서 나를 지켜보고 있을 나의 할머니! 할머니께서 해 주시던 떡과 반찬을 다시 먹어 볼 수 있다면…….

❺ 속담, 명언 등을 인용하여 주제 강조하기

인용은 글의 어느 부분이든 다양하게 활용하기 좋은 비법이란 걸 이제 눈치 채셨나요? 끝에서도 마찬가지입니다. 글의 주제를 포함하는 적절한 인용구를 통해 말하려는 바를 효과적으로 읽는 이에게 전달할 수 있습니다.

> **예**
>
> 　주인공은 극복할 수 없는 힘든 일이 생겨도 끝까지 포기하지 않고 그 일을 해결하기 위해 노력했다. 조금만 어려운 상황에 닥치면 쉽게 포기하는 내가 부끄러워졌다. 나도 이제 주인공처럼 끈질기게 도전하는 사람이 되고 싶다. '하늘이 무너져도 솟아날 구멍이 있다'라는 속담을 생각하며 말이다.

불조심 글쓰기
수필

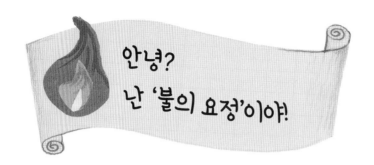
안녕?
난 '불의 요정'이야!

 학교 잘 다녀왔어? 날씨가 꽤 추워졌지?

 응, 이제 한겨울이 되니까 많이 추워졌어. 아침 뉴스에서 보니까 겨울철이 되면 날씨가 추워지는 것도 있지만 건조한 날씨 탓에 산불도 자주 발생한대. 그런데 필구야, 선생님이 불조심의 달을 맞이해서 내일 글쓰기 대회를 한다고 하셨어. 겨울에는 불조심이 중요하다고 말이야.

 그래? 그럼 이번에도 네 실력을 발휘해야지!

 응! 처음에는 '우리 모두 불조심을 하자!' 이런 내용의 주장하는 글을 생각했는데, 그건 뭔가 너무 평범한 것 같아. 그런 글은 내가 읽어 봐도 딱히 불조심을 해야겠다는 생각이 안 들더라고. 재미도 없고 말이야.

그렇지! 너무 뻔한 글이 되겠지? 그리고 불이 나쁜 것만은 아니잖아? 불이 있어야 맛있는 요리도 해 먹을 수 있고, 겨울에 따뜻하게 지낼 수도 있어. 인류의 역사에서 불이 얼마나 중요한 역할을 하는데! 물론 불을 조심해서 다루지 않으면 위험한 일이 생기고, 많은 사람이 죽을 수도 있지만 말이야.

 친구들에게 불의 좋은 점도 말해 주면서 불을 조심해야 한다는 메시지를 함께 전할 수는 없을까?

 그래. 내용을 한번 정리해 볼까? '불을 조심하자'가 주제가 되겠지. 너와 같은 어린이를 대상으로 쓰는 글이고. 불이 유익한 점도 많다는 네 생각을 함께 넣고 말이야.

사실 어떤 주장을 전달하기 위해서 꼭 주장하는 글의 형태로 쓸 필요는 없어. 얼마든지 자유로운 형식으로 쓸 수 있지. 그렇다면 열 한 번째 글쓰기 비법!

 **비법 11 사물을 의인화하라!**

 의…… 의인화? 그게 뭐야?

비길 의(擬), 사람 인(人), '의인화'
는 사람이 아닌 것을 사람에 빗대
어 표현하는 방법을 말해. 글 속
에서 말하는 사람이 내가 아니라
다른 대상이 말하는 것처럼 쓰면
재미있는 글이 되지 않을까?

 그러니까 내가 쓰는 글이지만, 동물이나 물건이 사람처럼 이야
기하듯이 글을 쓰라는 거야?

 그렇지. 네 생각을 잘 전달할 수 있는 어떤 대상이 독자들에게
직접 이야기하듯이 글을 쓰는 것이 의인화야.

 그럼 난 불에 대해서 이야기할 거니까 불을 의인화해서 불이 직
접 말하도록 해야겠다. 그런데 그냥 '안녕, 난 불이야'라고 시작
하면 좀 심심하니까 불의 나라에서 온 '불의 요정'이 말하는 걸
로 하면 어떨까?

 기발한 생각이다! 불의 나라에서 왔으니
까 네가 아까 생각했던 불의 좋은 점도
함께 이야기하기 쉽겠네. 그러면서 불
을 조심해야 하는 것에 대해서도 이야
기하고 말이야. 오늘따라 성진이의 생
각 주머니가 더 반짝반짝 빛나는데?

널 만난 지도 좀 되니까 이제 나도 글쓰기 제법 하지? 그런데 처음을 어떻게 시작하지? 그냥 바로 '안녕, 난 불의 나라에서 온 불의 요정이야'라고 인사부터 하면 되는 건가?

 그것보다는 독자가 더 궁금하도록 이렇게 하면 어떨까? 여기서 글쓰기 비법 열두 번째!

비법
12

묻고 답하는 형식으로 써라!

 질문을 하고 답도 한다고? 그럼 뭐 퀴즈라도 내라는 거야?

 빙고! 너 진짜 이제 추측하는 실력이 대단하구나. 퀴즈를 내서 읽는 이가 궁금해하도록 만드는 거지. 그냥 평범한 자기소개가 아니라, 읽는 이로 하여금 화자가 불의 요정이란 걸 알아맞히도록 하는 거야.

 아하! 알겠어. 화자가 자신을 스스로 소개하는데, 마치 스무고개 퀴즈를 내는 것처럼 독자에게 말한다는 거구나. 이렇게 정답이 불의 나라에서 온 불의 요정이라는 걸 말한 다음, 이제부터 불의 나라의 비밀을 몰래 가르쳐 준다고 하면 되겠다! 이렇게 쓰면 독자는 처음을 읽고 글의 내용이 어떨지 정말 궁금하겠는걸.

 그래. 좋은 생각이야. 이제 중간인데, 어떤 내용을 쓸까?

중간에서는 본격적으로 하고 싶은 이야기를 써야지. 먼저 불의 이로운 점을 이야기하고 싶어. 인류 역사에서 불이 어떤 의미가 있는지, 우리 생활 속에서 불이 어떻게 쓰이는지, 또 불 없이는 우리가 살 수 없다는 것까지 내용에 담고 싶어.

그다음에는 불을 조심해서 다뤄야 하는 이유에 대해 자세히 말하는 거지. 우리에게 꼭 필요한 불이지만 조심해서 쓰지 않으면 얼마나 무서운 일이 일어나는지 예를 드는 것도 좋겠어. 이렇게 불을 다룰 때 조심해야 하는 이유를 내가 직접 말하는 것보다 불을 의인화해서 쓰면 내가 하고 싶은 말을 확실하게 전달할 수 있을 거야.

 맞아. 네가 바로 핵심을 말했어. 그래서 작가들이 예전부터 의인화 방법을 많이 사용해 왔단다.

 이제 끝인데, 어떤 내용으로 마무리하면 좋을까?

 내가 이 글에서 말하려는 주제인 불조심에 대한 내 의견을 분명하게 쓰고 싶어. 특히 어린이들을 대상으로 쓰는 글이니까, 학교와 집에서 할 수 있는 불조심 방법을 불이 직접 가르쳐 주는 것처럼 쓸게.

 그렇지! 그럼 네가 말하려는 주제를 정확하게 전달하면서도 재미있게 읽을 수 있는 글이 되겠다.

이렇게 얘기하니까 어떻게 쓸지 감이 잡힌다. 아싸! 까먹기 전에
얼른 개요부터 써야지!

필구야
고마워!

수필의 처음

제목 : 사람에게 소중하지만 위험한 나는 누구일까?

안녕? 얘들아. 내가 누군지 맞혀 볼래? 난 아주 뜨거운 나라에서 왔어. 또 나는 인간이 살아가는 데 꼭 필요한 것 중에 하나인데, 특히 요리할 때 내가 없으면 절대로 안 돼. 그래서 내가 없이는 인간들이 하루도 살아갈 수가 없지.

이렇게 인간들에게 나는 아주 중요한 존재이지만, 사실 난 가끔 아주 위험하기도 해. 난 너무 뜨거워서 인간을 다치게 할 수도 있고, 잘못 하면 집을 다 태워 버릴 수도 있거든. 내가 누군지 알 수 있겠니?

정답은 바로 '불'이야. 난 말이야, '불의 나라'에서 온 '불의 요정'이야. 나에 대해서 제대로 모르는 친구들이 많아서 이야기해 주려고 이렇게 왔어. 이제부터 불의 나라의 비밀을 너희들에게만 이야기해 줄게.

제목 : 눈에 보이기도 하고 보이지 않기도 하는 나는 누구일까요?

나는 누구일까요? 나는 눈에 보이기도 하고 보이지 않기도 합니다. 사람들은 내가 없이는 제대로 된 하루를 살 수 없어요. 내가 없다고 죽지는 않지만 다른 사람들에게 내 마음을 전하기 어렵기 때문에 무척 힘들게 됩니다.

나는 우리나라에서 정말 중요하고 자랑스러운 존재예요. 1446년에 태어났으니 엄청나게 나이도 많지요? 그렇지만 요즘 들어서 제 모습이 많이 망가지고 부서져서 참 슬프답니다. 사람들이 저를 사랑하지 않고 외국에서 들어온 친구를 더 좋아하는 것 같아서 속상하고요. 그럼 나는 누구일까요?

나는 바로, 우리나라의 '한글'입니다. 글로 쓸 때는 눈에 보이지만, 말로 할 때는 보이지 않지요.

 ## 읽는 이의 호기심을 자극해요!

• 사람이 아닌 동물이나 사물이 사람처럼 말하고 행동하는 것을 '의인화'라고 해요. 항상 글 속에는 말하는 이가 있지요. 내가 아닌 의인화한 대상이 말하는 것처럼 쓰면 글이 더 생생해지고 주제를 효과적으로 전달할 수 있습니다. 예를 들어 〈토끼와 거북이〉 같이 《이솝우화》에 나오는 이야기들은 모두 의인화의 방법으로 주제를 보여 줍니다. 의인화할 대상을 정하고 나면, '내가 ○○이라면 어떤 생각이 들까?'라고 스스로 여러 번 생각해 보고 적어 본 뒤에 글을 쓰도록 하세요.

• 첫 문단에서는 읽는 이가 다음 내용을 궁금해 하도록 만들어야 해요. 그렇게 하는 좋은 방법 중에 하나가 퀴즈를 내는 거지요. 몇 개의 힌트를 던져 주면서 읽는 이가 다음 내용을 궁금해 하도록 만드는 거예요. 그런 다음 답을 알려 주고 전달하고자 하는 주제에 대해 써내려 가면 됩니다.

 ## 나의 글쓰기는 몇 점일까요?

지금까지 실제로 활용할 수 있는 다양한 글쓰기의 비법을 살펴봤습니다. 이제 글쓰기에 대한 자신감이 좀 생겼나요? 그럼 자신의 글쓰기를 스스로 되돌아볼 수 있는 시간을 가져 볼게요. 아래 문항에서 '예'

로 대답할 수 있는 항목을 찾아보고, 그렇지 못한 항목은 '예'가 될 수 있도록 습관을 바꾸어 봅시다. 글을 쓸 때 중요한 습관에는 어떤 것이 있는지 꼼꼼하게 읽어 보세요.

❶ 글을 쓰기 전에 – 내용 생성하기

① 글감을 얻기 위해 종이에 직접 뭔가를 쓰면서 생각을 정리한다. (예, 아니오)

② 글감과 관련된 책이나 인터넷 등을 미리 살펴본다. (예, 아니오)

③ 간단한 단어만 쓰더라도 개요는 반드시 미리 쓴다. (예, 아니오)

❷ 글을 쓰는 도중에 – 표현하기

④ 개요를 보면서 글을 작성한다. (예, 아니오)

⑤ 단어의 뜻이 헷갈릴 때는 꼭 국어사전을 활용한다. (예, 아니오)

⑥ 쓰다가 문장이 잘 써지지 않을 때는 앞 문장부터 다시 읽어 본다. (예, 아니오)

❸ 글을 쓰고 나서 – 고쳐 쓰기

⑦ 글을 다 쓴 뒤에 고쳐 쓰기를 하기 위해 항상 시간을 따로 만든다. (예, 아니오)

⑧ 고쳐 쓸 때에는 반드시 소리 내어 읽으면서 한다. (예, 아니오)

⑨ 고쳐 쓰기는 꼭 두 번 이상 한다. (예, 아니오)

❹ 평소에

⑩ 내 글을 누군가에게 보여 주기도 하고, 친구의 글을 꼼꼼하게 읽기도 한다. (예, 아니오)

⑪ 모르는 단어는 지나가거나 추측하지 않고, 사전을 찾아서 확인한다. (예, 아니오)

⑫ 일주일에 한 번은 글쓰기 과정에 따라 실제로 글을 쓴다. (예, 아니오)

'예'가 10개 이상이면 널 글쓰기 천재로 인정해 주지!

글쓰기 대장과 함께한 신 나는 글쓰기 시간!

성진아, 안녕?

일 년 동안 너와 함께 글쓰기를 하면서 한 개를 가르쳐 주면 한 개 이상을 배우는 널 보며 정말 신 나고 재미있었어. 전에 만났던 친구들인 연주와 수환이, 도현이에 못지않게 잘 따라와 줘서 내가 더 고마워. 처음엔 우왕좌왕 헤매더니 이젠 나보다 더 글을 잘 쓰는 것 같아.

사실 내가 너를 도와준 것은 별로 없어. 난 그냥 네가 '무엇을 어떻게 쓸지' 생각하고 있을 때 옆에서 한두 마디 조언을 해 준 것뿐이야. 네 머릿속에 멋진 생각이 가득 들어 있어서 그걸 꺼낼 수 있도록 말이지.

우리가 함께 이야기하면서 찾아 낸 글쓰기 비법들, 다 기억나니? 내가 생각해도 많은 비법이라 정리할 필요가 있을 것 같아. 어떤 내용들이 있는지 한번 떠올려 볼까?

12가지 마법의 글쓰기 비법

1. 이야기책 독서록을 쓸 때에는 인물과 사건에 초점을 맞춰라!

2. 정보 책 독서록을 쓸 때에는 새롭게 알게 된 사실에 초점을 맞춰라!

3. 의문문으로 첫 문장을 써라!

4. 대화체로 써라!

5. '첫째, 둘째, 셋째…… 마지막으로'를 달아라!

6. 실제로 있었던 이야기를 근거로 써라!

7. 자세하게 묘사하라!

8. 문장을 간결하게 써라!

9. 인용구나 통계자료를 활용하라!

10. 접속어를 활용하라!

11. 사물을 의인화하라!

12. 묻고 답하는 형식으로 써라!

글의 종류에 따라 글 쓰는 방법이 정해져 있다고 단정지어 이야기할 수는 없어. 상상하는 글에서 썼던 비법을 기행문이나 독서록 같은 다른 글에서도 얼마든지 활용할 수 있거든. 어떤 글에서든 다양한 모습으로 변신해서 네 생각을 잘 전달하게 해 주지. 일기를 쓸 때에도, 글쓰기 대회가 있을 때에도 어떤 내용으로 쓸지 결정하고 난 뒤에 도움이 될 만한 비법을 골라잡아 쓰면 돼.

이제 네 필통 속에 나는 없어. 난 글쓰기로 고민하는 또 다른 친구와의 만남을 기다리고 있지. 하지만 네 마음속에는 늘 너와 대화할 수 있는 마법의 연필이 살아 있을 거야. 그러니까 너는 얼마든지 혼자서도 잘할 수 있다고 믿어. 우리가 함께 나누었던 이야기를 기억하면서 이제 너의 생각을 마음껏 펼쳐 보렴. 그리고 앞으로도 글쓰기나 책 읽기에 대해 궁금한 것이 생기면 나한테 편지를 써. 우리만의 비밀 주소로 말이야. 글쓰기 대장 성진이의 편지를 언제나 기다릴게.

-너의 영원한 친구 필구가

학교 글쓰기 대회에서 일등 하는 법

1판 1쇄 발행 | 2014. 1. 20.
1판 5쇄 발행 | 2019. 7. 11.

이혜영 글 | 홍성지 그림

발행처 김영사 | **발행인** 고세규
편집주간 전지운 | **책임편집** 김보민 | **책임디자인** 윤소라
편집 고영완 문자영 김지아 박은희 김효성
디자인 김순수 김민혜 | **해외저작권** 김소연 | **제작부** 김일환
등록번호 제 406-2003-036호 | **등록일자** 1979. 5. 17.
주소 경기도 파주시 문발로 197 (우10881)
전화 마케팅부 031-955-3100 | 편집부 031-955-3113~20 | **팩스** 031-955-3111

© 2014 이혜영 홍성지
이 책의 저작권은 저자에게 있습니다. 저자와 출판사의 허락 없이 내용의 일부를 인용하거나
발췌하는 것을 금합니다.

값은 표지에 있습니다.
ISBN 978-89-349-6641-8 63700

좋은 독자가 좋은 책을 만듭니다. 김영사는 독자 여러분의 의견에 항상 귀 기울이고 있습니다.
독자의견전화 031-955-3139 | 전자우편 book@gimmyoung.com
홈페이지 www.gimmyoungjr.com | 어린이들의 책놀이터 cafe.naver.com/gimmyoungjr

어린이제품 안전특별법에 의한 표시사항

제품명 도서 제조년월일 2019년 7월 11일 제조사명 김영사 주소 10881 경기도 파주시 문발로 197
전화번호 031-955-3100 제조국명 대한민국 ⚠주의 책 모서리에 찍히거나 책장에 베이지 않게 조심하세요.